KLARTEXT

Bildnachweis:
EPG: 7; Imago Images: agefotostock: 92/93, Allstar: 72, 97, Cinema Publishers Collection: 61, 64, 69, 87, Everett Collection: 13, 79, 96, Fotoarena: 43, Future Image: 112, Hollywood Photo Archive: 19, 31, 41, 89, i images: 53, imagebroker: 13, Matrix: 12, Prod.DB: 45, United Archives: 4/5, 98, United Archives/TopFoto: 29, Press/Stephen Simpson/LNP: 15, ZUMA Wire: 23, 36, 51; picture alliance: 32, 34, 115, AA/Tolga Akmen: 78, AP Photo/Michael Probst: 14, AP Photo/Uncredited: 95, ASSOCIATED PRESS/Anonymous: 39, dpa: 98 u., dpa/Julien's Auctions: 101, dpa/The National Archives/ho: 77, dpa/XAMAX: 94, picture alliance/REUTERS/MIKE BLAKE: 91, pa/AP Photo/Adrian Sainz: 9, pa/Picturelux/The Hollywood Archive/HA: 11, 67, zb/Reinhard Kaufhold: 25

Bibliografische Information der Deutschen Nationalbibliothek
Die Deutsche Nationalbibliothek verzeichnet diese Publikation in der Deutschen Nationalbibliografie; detaillierte bibliografische Daten sind im Internet über portal.dnb.de abrufbar.

Impressum
1. Auflage November 2021
Lektorat/Redaktion: Sibylle Brakelmann, Hagen
Layout und Satz: Peter Stockhausen, Essen
Umschlaggestaltung: Guido Klütsch, Köln
Umschlagabbildungen: pa/dpa/Chris Melzer (Auto), pa/kpa (Elvis), pa/Associated Press/Anonymous (Briefmarke), pa/dpa/Heritage Auction (Stern), Imago/ZUMA Wire (Kette)
Autorenfoto Umschlagklappe: Christina Hesterberg
Druck und Bindung: Linsen Druckcenter GmbH, Siemensstraße 12–14, 47533 Kleve

ISBN 978-3-8375-2415-4

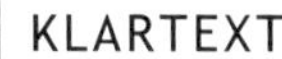

Jakob Funke Medien Beteiligungs GmbH & Co. KG
Jakob-Funke-Platz 1, 45127 Essen
info@klartext-verlag.de, www.klartext-verlag.de

Maria Hesterberg

Elvis

Populäre Irrtümer und andere Wahrheiten

Inhalt

Zum Geleit

Elvis Aaron Presley – ein Name, der für die Glamourwelt des Showbusiness wie gemacht scheint und der mir als Elfjähriger gar nichts sagte! Als jemand, der als Kind mit der „Hitparade“ und „Disco“ aufwuchs, war mein musikalischer Horizont im Jahr 1976 doch eher eingeschränkt. Aber dass Elvis mehr als nur ein Name war, sollte mir schnell und nachhaltig klar werden.

Vielen Elvis-Fans ging es so wie mir: Ein Song reichte aus und es war um sie geschehen. Ganz genauso war das erste Zusammentreffen von Elvis und mir: Elvis‘ Stimme hörte ich von einer Kassette (!), die sich in einem japanischen Kassettenrecorder drehte, und ich wusste nicht, wie mir geschah. Ich wusste nur, dass ich mehr davon wollte. Von dieser Stimme, von diesem Rhythmus, von allem, von dem ich damals noch keine Ahnung hatte.

So wie Elvis‘ Stimme und sein künstlerisches Dasein sich in seinem Leben verändert haben, habe auch ich mich verändert. Ich sehe vieles anders als mit elf Jahren, manches aber auch nicht.

Elvis ist zu einem ständigen Begleiter in meinem Leben geworden, so wie bei vielen Millionen anderen Menschen: Für viele Weltstars von heute war Elvis die eine Inspiration, die sie dorthin gebracht hat, wo sie heute stehen.

„Elvis Presley ist wohl die größte kulturelle Kraft des 20. Jahrhunderts.“ Und dieses Statement ist nicht von mir, sondern von keinem Geringeren als Stardirigent Leonard Bernstein.

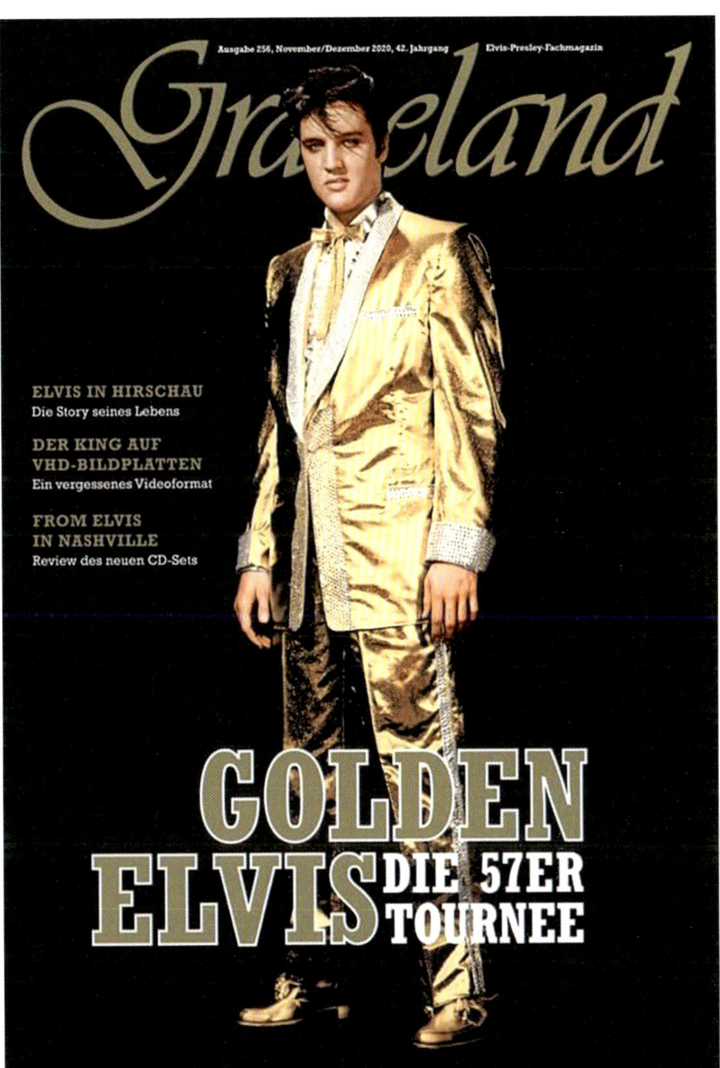

Ausgabe 256, November/Dezember 2020, 42. Jahrgang
Elvis-Presley-Fachmagazin
ELVIS IN HIRSCHAU
Die Story seines Lebens
DER KING AUF
VHD-BILDPLATTEN
Ein vergessenes Videoformat
FROM ELVIS
IN NASHVILLE
Review des neuen CD-Sets
GOLDEN
ELVIS
DIE 57ER
TOURNEE

Mama's Boy

Legenden sind ja ein Phänomen: Bevor sie richtig bemerkt werden, übernimmt man deren Inhalt oft als gegebene Wahrheit und gibt sie (fast) unreflektiert weiter. Legenden haben immer etwas Märchenhaftes, etwas, das es uns leicht macht, an die Geschichten zu glauben.

Aber Legenden haben auch immer einen wahren Kern und genauso ist es auch bei Elvis' erster Plattenaufnahme „My Happiness": Elvis nahm „My Happiness" für knapp 4 USD als Geburtstagsgeschenk für seine Mutter auf. Wie schön! Und wie passend für einen jungen Newcomer, der am Beginn einer Karriere steht, von der noch keiner weiß, wohin sie führen würde!

Fakt ist, dass Elvis am 18. Juli 1953 im „Memphis Recording Service", Union Avenue 706, auftauchte und auf die Frage von Marion Keisker, Geschäftspartnerin des Besitzers Sam Philipps: „Wie klingst du denn?", mit dem, mittlerweile ebenfalls legendären, Satz antwortete: „Ich klinge wie kein anderer." Die notwendigen 3.98 USD für die Aufnahme hatte ihm nach eigenen Angaben sein Schulfreund Ed Leek geliehen.

Elvis hatte sich für die Aufnahme von „My Happiness" und „That's When Your Heartaches Begin" entschieden. Wohl eine gute Entscheidung, denn Marion Keisker notierte sich seinen Namen mit dem Kommentar: „Guter Balladensänger – im Auge behalten."

So weit, so gut. Also doch ein Geburtstagsgeschenk für Gladys? Gladys Presley, Elvis' Mutter, hatte am 25. April Geburtstag. Ob Elvis wohl erst acht Wochen nach dem eigentlichen Ehrentag seiner geliebten Mutter an ein Geschenk gedacht hat?

Elvis schloss im Juni 1953 die Highschool ab und suchte nach Möglichkeiten, professionell zu singen. Durch seine Erfahrungen in der Schule und den ersten Erfolg bei seinen Mitschülerinnen war die Idee, als Sänger zu arbeiten, gar nicht mehr so abwegig für ihn. Insgeheim hatte er wohl den „Memphis Recording Service“ gewählt, da er wusste, dass Sam Philipps neuen Künstlern gegenüber aufgeschlossen war, und er eine Chance sah, entdeckt zu werden.

Trotzdem sollte Gladys natürlich die Erste sein, der Elvis seine erste Plattenaufnahme präsentieren wollte. Unglücklicherweise hatten die Presleys damals keinen Plattenspieler und er deponierte die Scheibe bei seinem „Finanzier“ Ed Leek, wo sie dann für 60 Jahre bleiben sollte und an seine Nichte Lorisa Hilburn vererbt wurde. Ob Gladys die ersten Karriereschritte ihres Sohnes tatsächlich gehört hat, wird wohl im Unklaren bleiben!

Ach, übrigens:
Anlässlich seines 80. Geburtstages 2015 wurde das 78rpm-Original-Azetat für 300.000 USD an den amerikanischen Musiker Jack White („White Stripes“) versteigert, der zum 18. April 2015, dem „Record Store Day“, eine Reproduktion veröffentlichte.

Elvis' erste Aufnahme „My Happiness“

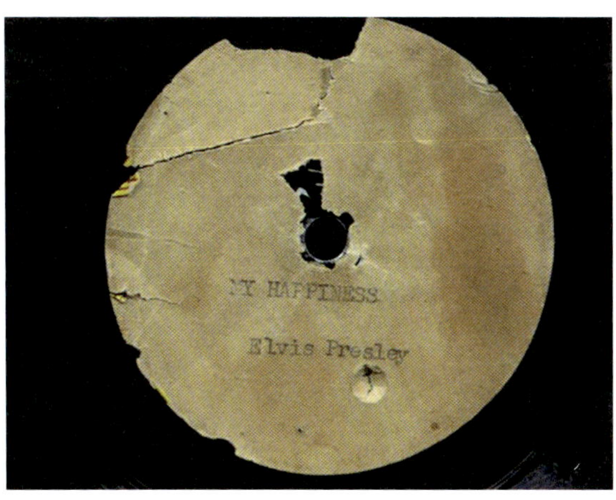

Guitar Man

Elvis und die Gitarre. Beide sind Ikonen des Rock 'n' Roll. Wie kamen die beiden eigentlich zusammen und wie unzertrennlich waren sie wirklich?

Zu seinem elften Geburtstag hat Elvis seine erste Gitarre geschenkt bekommen, obwohl er eigentlich ein Fahrrad haben wollte. Gitarrenunterricht bekam er von zwei Onkeln und auch von Frank Smith, dem Pfarrer der Gemeinde. Nach dem Umzug nach Memphis zeigte ihm ein Freund der Familie, Jesse Lee Denson, wie man die Gitarre spielt, und sobald Elvis das Instrument etwas besser beherrschte, war die Gitarre seine ständige Wegbegleiterin.

Als Elvis 1953 im „Sun Studio" erschien und seine erste Platte aufnahm, war sie selbstverständlich auch dabei. Allerdings notierte sich Marion Keisker „Guter Balladensänger" und nicht „Virtuoser Gitarrist".

Auch bei Scotty Moore und Bill Black, die mit Elvis am 4. Juli 1954 im „Sun Studio" vergeblich versucht hatten, gutes Material aufzunehmen, konnte er nicht mit seinem Gitarrenspiel punkten. Erst „gegen Mitternacht machten sie eine Pause ... Sie waren in eine Art Lähmung verfallen, als Elvis plötzlich aufsprang und anfing, Gitarre zu spielen." Wie Scotty Moore sich erinnerte, „schlug er wie wild auf die Gitarre ein und sang einen Blues-Song, ‚That's All Right, Mama', auf den ich sofort einstieg. Schnelle Musik mochte ich. Seit Jahren hatte ich Licks für schnelle Musik gemacht ..., aber ich konnte sie nicht unterbringen. Als Elvis auf seine Gitarre eindreschte, wusste ich plötzlich, wohin sie gehörten." So hätte es „That's All Right, Mama" – und damit die Rock-'n'-Roll-Revolution – ohne Elvis' Gitarrenspiel nicht gegeben. Obwohl er dieses Instrument längst nicht so gut beherrschte wie Scotty Moore, der die Leadgitarre übernahm, während Elvis die Rhythmusgitarre spielte. In dieser Kombination – mit Bill Black am Bass – wurden alle fünf Sun-Singles eingespielt.

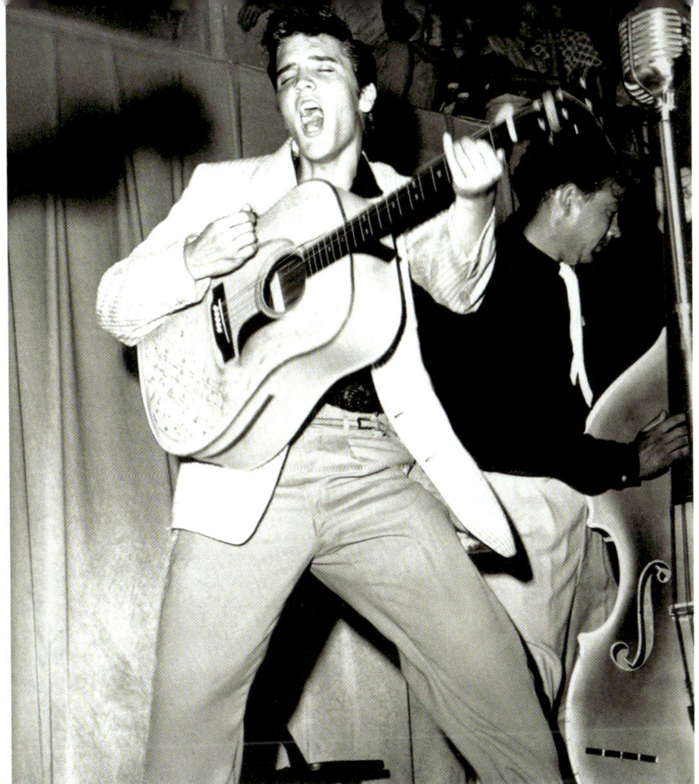

„That's All Right, Mama!"

Bei vielen seiner frühen Auftritte schlug Elvis so auf seine Gitarre ein, dass die Saiten rissen und Beobachter sagten, dass er das Instrument oftmals wie eine Requisite nutze und damit spiele. Die gleichen Leute sagten, dass es manchmal so aussehe, als wenn Elvis mit der Gitarre Sex habe. June Carter Cash, die in dieser Zeit viel mit Elvis unterwegs war, erinnert sich: „Red und ich saßen backstage und haben versucht, diese gerissenen Saiten zu wechseln, weil Elvis sie immer kaputt machte. Wir haben unsere Zeit damit verbracht, die Saiten auf diese Gitarre zu ziehen und sie zu stimmen!"

1956 ging Elvis von Sun Records zu RCA Victor und konnte sich mehr auf seinen Gesang konzentrieren, denn von da an standen ihm professionelle Studiomusiker zur Seite, obwohl er noch sehr oft als Gitarrenspieler auf den Veröffentlichungen genannt wurde.

In den 1960er Jahren spielte er bei den Aufnahmesessions kaum noch Gitarre. 1965 gab er in einem Interview zu, dass er kein wirklich guter Gitarrist sei und er immer professionelle Gitarristen an seiner Seite habe, die ihn unterstützen, und dass er zu diesem Zeitpunkt versuche, Schlagzeug zu spielen.

Erst 1968, bei seinem legendären „Comeback Special", trat die Gitarre wieder in den musikalischen Vordergrund, während Elvis das Instrument auch hier oftmals als Stilelement nutzte. Und genau das sollte die Gitarre – in welcher Ausführung auch immer – bis zum Ende bleiben. Ein Symbol für die Musik, die Elvis groß machte.

Ach, übrigens:
„Mein Vater kannte eine Menge Leute, die Gitarre spielten und es nicht geschafft hatten, und so sagte er zu mir: ‚Du solltest darüber nachdenken, ob du Elektriker sein willst oder ein Gitarrenspieler. Ich kenne keinen Gitarrenspieler, der einen Pfifferling wert ist!'"
Elvis Presley

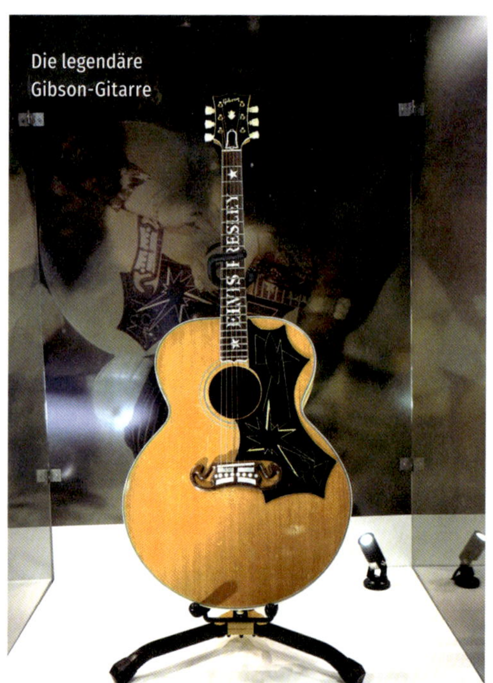

Die legendäre Gibson-Gitarre

AHA!

Levi's – Levis – Elvis – Lives

Denkt man an Jeans, denkt man auch sofort an die Marke, die für viele von uns ein „Must have" war oder auch noch ist: Levi's Jeans, von dem deutschen Immigranten Levi Strauss in den USA erstmals auf den Markt gebracht und auf der ganzen Welt bekannt. Die originale und traditionelle Levi's steht natürlich auch synonym für Indigoblau.

1956 hat sich Levi's selbst Konkurrenz gemacht, indem die Firma versuchsweise eine schwarze Jeans, das Modell „Elvis Presley", auf den Markt brachte.

1957 war Elvis dann in eben diesen Jeans in seinem dritten Spielfilm „Jailhouse Rock" zu sehen, was die Jeans nun erst recht zu einem elementaren Accessoire der Rock 'n' Roller und Rebellen der 1950er Jahre machte, auch wenn Marlon Brando schon in „The Wild One" (1953) und James Dean in „Rebel Without a Cause" (1955) in Jeans herumliefen.

Ach, übrigens:
Abseits der Kameras mochte Elvis ironischerweise überhaupt keine Jeans, da sie ihn immer an die Armut seiner Kindheit und Jugend erinnerten.

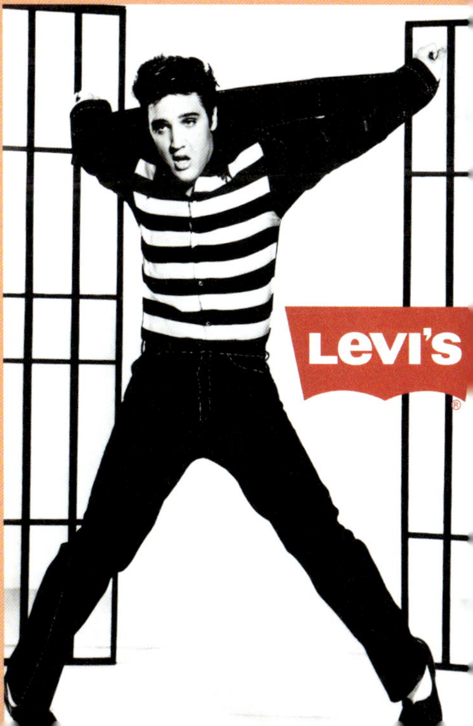

Levi's und Elvis gehören (eigentlich nicht) zusammen.

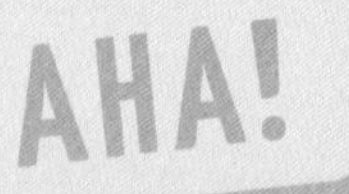

Pop-Art-Muse

Wer kennt ihn nicht? Andy Warhol (1928–1987), der „King of Pop Art“, hat die Welt mit vielen Kunstwerken beglückt, die in ihrer Zeit als revolutionär galten. Neben der berühmten Dose „Campbell's Soup“, verschiedenen Tieren, Gegenständen des täglichen Lebens, wandte sich Warhol auch den Berühmtheiten aus Entertainment, Politik und Zeitgeschehen zu, um durch seine künstlerische Arbeit zu ihrer – und seiner eigenen – Unsterblichkeit beizutragen.

Wenig bekannt ist wahrscheinlich die Tatsache, dass Warhols erste künstlerische Begegnung mit Elvis Presley nicht erst mit dem „Double Elvis“ 1963 stattfand, sondern sehr viel früher: Warhol arbeitete in den 1950er Jahren einige Zeit für RCA-Viktor, seit 1955 Elvis‘ Plattenfirma, und designte einige Plattencover. Leider nie eins für Elvis! Die Experten gehen davon aus, dass Andy Warhol schon sehr früh in Elvis‘ Karriere mit der Person Elvis und seiner Musik in Berührung kam, was den Weg zu seinen künstlerischen Arbeiten mit dem Thema „Elvis“ ebnete.

1955 wurde Andy Warhol mit einer Werbekampagne für die New Yorker Schuhfirma I. Miller engagiert, die mehrere Jahre in der Sonntagsausgabe der New York Times erschien: Warhol kreierte Anzeigen, die eine künstlerische Verbindung zwischen Malerei, Zeichnungen und Collagen herstellten und damit riesigen Erfolg hatten. 1956 nahm er das Schuhmotiv wieder auf und schuf eine Serie von Zeichnungen von schillernden Schuhen und Stiefeln, denen er die Namen von Berühmtheiten gab, die er bewunderte. Warhols Mutter beschriftete jedes Bild handschriftlich und Andy ließ ihre Rechtschreibfehler unbeachtet: So stand neben dem verwegenem goldenen Stulpenstiefel „Elvis Presely“! Diese Serie wurde 1957 im Life-Magazin veröffentlicht. 1962 spielte Warhol mit einem Elvis-Porträt von 1956 und nannte es „Red Elvis“. 1963 zeigte er das erste Mal seinen „Double Elvis“

in einer Ausstellung und schuf im gleichen Jahr insgesamt 22 Variationen dieses Motivs. Vom „Double Elvis" über „Triple Elvis" zu „8 Elvises" und schließlich „11 Elvii" existieren von diesem Motiv noch jeweils unterschiedliche Varianten! „8 Elvises" gingen 2012 in einer Auktion für sage und schreibe 100 Millionen USD an einen privaten Sammler. Nicht schlecht, oder?

Ach, übrigens:
Elf dieser 22 Werke befinden sich weltweit in Museen. Kurios ist, dass auch die Variation auf Leinwand, die Bob Dylan als Gage für seinen Auftritt in einem Warhol-Film einforderte, dabei ist und heute im Museum of Modern Art in New York zu sehen ist.

Fesselnd: Elvis als Pop-Art-Objekt

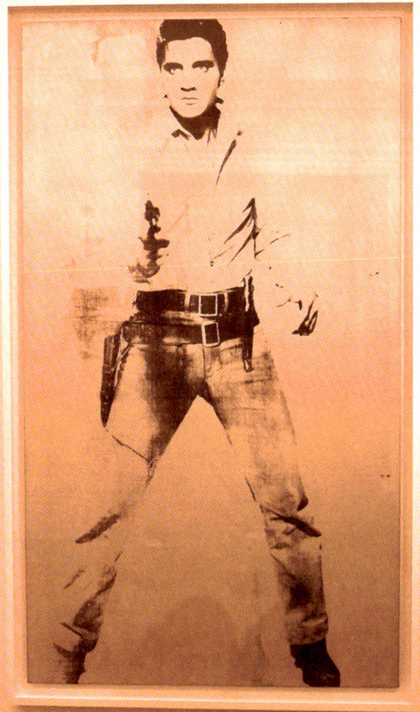

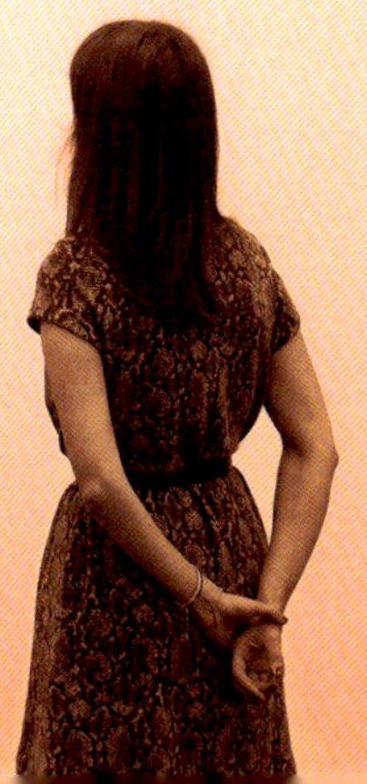

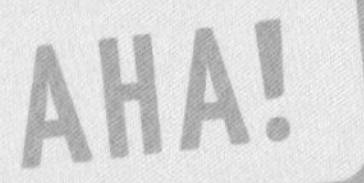

Das FBI hat ein Auge auf Elvis

Das FBI und sein erster Direktor J. Edgar Hoover waren schon immer für Hollywood-Thriller und reale Geheimniskrämerei gut. In den 1950er und 1960er Jahren standen viele Prominente auf der schwarzen Liste des FBI und es wurde Jagd auf die gemacht, die nicht in das amerikanische Bild von Hoover passten.

Auf 663 Seiten wurden Informationen und Daten rund um Elvis zusammengetragen, die das FBI nach Elvis' Tod der Öffentlichkeit zugänglich gemacht hat. Elvis war allerdings nie wirklich das Zentrum der Untersuchungen, sondern die Dinge, die um ihn herum geschahen, und auch Situationen, in denen Elvis das Opfer war: Der erste Eintrag war ein Brief vom 16. Mai 1955 an J. Edgar Hoover, der die Live-Auftritte von Elvis als „Striptease in Kleidern" und seine Bewegung als „Selbstbefriedigung" anklagte und das Wohl von Kindern und Jugendlichen gefährdet sah, da Elvis wohl sicher „ein Drogenabhängiger und ein Perverser" sein müsse und sicherlich „eine Bedrohung für das Land".

1956 gab es die erste Morddrohung, die per Postkarte nach Memphis kam. Und es sollte nicht die letzte sein!

Eine andere Untersuchung des FBI, die sehr gut dokumentiert ist, fand während Elvis' Militärzeit statt: Elvis hatte im November 1959 Laurenz Johannes Griessel-Landau, einen angeblichen Arzt und Hautspezialisten aus Johannisburg, engagiert, der ihn im Dezember 1959 im Gesicht und an seinen Schultern behandelte. Sexuelle Annäherungsversuche von Griessel-Landau gegenüber Elvis und auch seinen Freunden führten zum Abbruch der Behandlung. Das war für Griessel-Landau der Startschuss für einen dreisten Erpressungsversuch, der sofort an das FBI gemeldet wurde. Elvis sagte am 28. Dezember 1959 aus und der Fall wurde – wie immer bei prominenten Opfern – mit äußerster Diskretion behandelt. Nachdem herausgefunden worden war, dass

Griessel-Landau gar kein Arzt war, und nachdem Elvis ihm noch das Flugticket bezahlt hatte, flog er Anfang Januar 1960 auf Nimmerwiedersehen nach London und wurde später an der Einreise in die USA gehindert.

Weitere Papiere dokumentieren, dass es bei seinem „Summer Festival" 1970 in Las Vegas ernsthaften Grund zur Beunruhigung gab, denn ein anonymer Anrufer teilte Elvis' Manager am 27. August mit, dass Elvis am kommenden Wochenende gekidnappt werden solle. Einen Tag später kam ein Anruf herein, bei dem der gleiche Anrufer sagte, dass Elvis am nächsten Abend „dran sei". 45 Minuten später rief er wieder an und kündigte einen Killer mit einer schallgedämpften Waffe an, der Elvis auf der Bühne erschießen würde.

Das FBI wurde sofort involviert und sowohl die Behörde als auch das Hotelmanagement beschworen Elvis, nicht aufzutreten. Elvis lehnte ab und so war das Hotel mit Zivilbeamten des FBI überschwemmt. Er selbst ging mit einem Revolver in seinem Hosenbund am Rücken auf die Bühne. Bevor Elvis jedoch auftrat, gab er seinen Leuten den Auftrag, sollte er tatsächlich getötet werden, den vermeintlichen Killer zu töten, bevor die Polizei ihn festsetzen könne, da er auf keinen Fall wolle, dass „jemand damit berühmt werden würde, Elvis Presley erschossen zu haben". Gott sei Dank geschah nichts und nicht nur das FBI atmete auf.

Viele andere „Fälle" sind in den Elvis-Akten des FBI dokumentiert, wie z. B. schwerer Diebstahl im Zusammenhang mit Elvis' Privatjet, mehrere Betrugsfälle, eine Vaterschaftsklage und vieles andere mehr, bei dem Elvis das Opfer war.

Ach, übrigens:
Im Gegensatz zu Nixon wollte J. Edgar Hoover Elvis nicht persönlich kennenlernen!

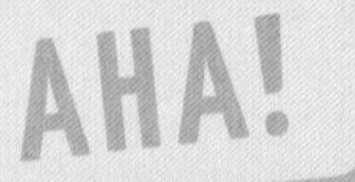

Der King und der Killer

Während Elvis für seine künstlerische Revolution bei unzähligen damaligen und heutigen Stars sehr hoch im Kurs steht, gibt es doch zumindest einen Künstler, der Elvis ganz und gar nicht als den „King" akzeptiert: Jerry Lee Lewis.

Beide verbindet nicht nur das gleiche Geburtsjahr und die frühe Liebe zur Musik, sondern auch die kirchliche Erziehung und die ärmlichen Umstände, in denen beide aufwuchsen.

Den Spitznamen „Killer" bekam Lewis schon in seiner Schulzeit. Obwohl dieser Name sich auf sein mörderisches musikalisches Talent bezog und eher ein Kompliment als eine Beleidigung sein sollte, hasste Lewis diesen Spitznamen von Beginn an, wurde ihn aber nie mehr los.

1956 zog Jerry Lee nach Memphis, um bei Sam Phillips' „Sun Records" sein Glück zu versuchen und endlich seine Rock-'n'-Roll-Karriere zu starten. Sam war nicht anwesend, als Jerry Lee zum ersten Mal das „Sun Studio" betrat und Jack Clement, dem damaligen Tontechniker und späteren Produzenten bei „Sun Records", vorspielte. Clement nahm Lewis und sein extravagantes Klavierspiel auf und nachdem Phillips es gehört hatte, war der erste Schritt für Jerry Lee Lewis in Richtung Weltkarriere gemacht.

Nur einen Monat nach diesem Ereignis, am 4. Dezember 1956, sollte Jerry Lee für Carl Perkins bei einer Session Klavier spielen. Johnny Cash kam auf Einladung von Carl dazu. Plötzlich und unangekündigt stand Elvis in der Tür und das „Million Dollar Quartett" war vollzählig: Die vier Musiker, die später alle zu Weltstars wurden, ließen es musikalisch krachen und fanden sich zu einer spontanen Jamsession zusammen, die es in sich hatte.

Bob Neal, der ehemals auch Elvis gemanagt hatte, vermittelte Lewis viele Engagements in Clubs im Süden der USA. Mit „Whole Lotta Shakin' Goin' on" landete Lewis 1957 einen Megahit und trat im gleichen Jahr noch in der berühmten Steve-Allen-

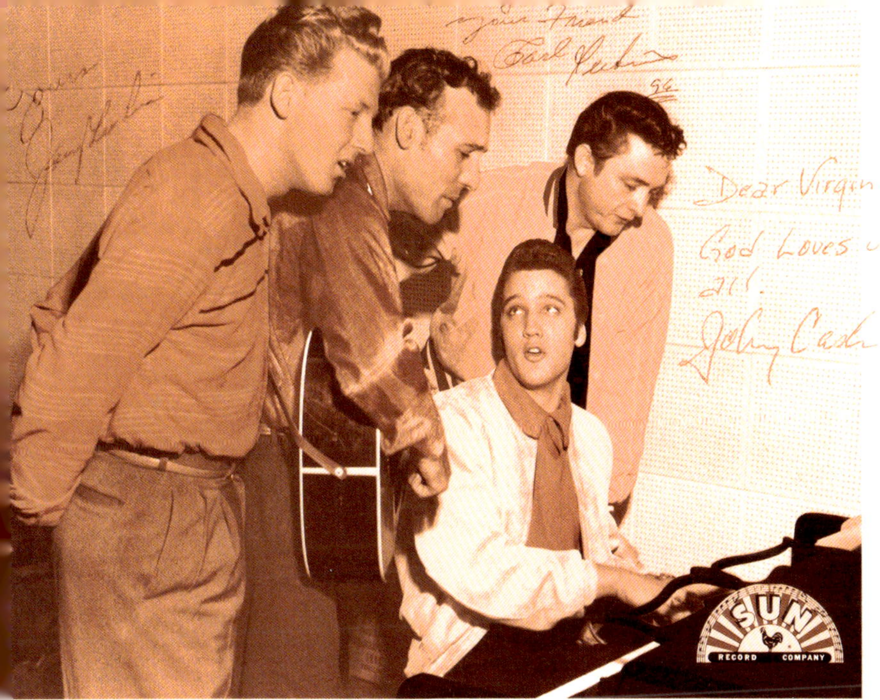

"The Million Dollar Quartet"

Left to right: Jerry Lee Lewis, Carl Perkins, Elvis Presley, Johnny Cash

Show auf, in der auch Elvis ein Jahr zuvor das TV-Publikum begeistert hatte. Sein Ehrgeiz stachelte Jerry Lee an, an Elvis vorbeizuziehen und selbst den Thron des Rock 'n' Roll zu besteigen. Als Elvis ein Jahr später zum Militär „eingeladen" wurde, jubelte Jerry Lee, denn nun – so dachte er zumindest – stand seinem Aufstieg in den Rock-'n'-Roll-Olymp und damit an die Spitze der Musikwelt nichts mehr im Wege!

Doch daraus sollte nichts werden, denn der „Killer" fiel sehr tief: Als er am 22. Mai 1958 zum Auftakt einer großen Konzerttour in London landete, stellte er der Presse – eher unfreiwillig – seine dreizehnjährige Frau vor, Myra Gale Lewis, eine seiner Cousinen, die er bereits geheiratet hatte, bevor die Scheidung von seiner damaligen Ehefrau rechtskräftig war. Das prüde Amerika entrüstete sich allenthalben und Lewis war „weg vom Fenster"!

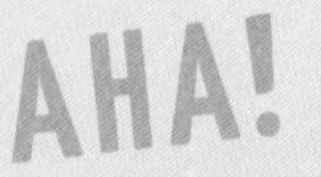

Elvis wurde kurze Zeit später nach seiner Meinung dazu gefragt und er nahm nur vorsichtig Stellung: „Er ist ein großartiger Künstler. Ich möchte eigentlich nichts zu seiner Ehe sagen, außer dem, dass ich glaube, wenn er sie wirklich liebt, es okay ist."

Jerry Lee Lewis half das Mitgefühl seines Erzrivalen nichts, denn er stürzte ins Bodenlose: keine Hits mehr, keine Fernsehauftritte, keine Tourneen mit dicken Gagen. Für Elvis fand er nur noch ablehnende Worte: so zum Beispiel 1976, als er in einem Interview sagte: „Es sind nur noch einige wenige wirkliche Talente übrig. Elvis Presley, Chuck Berry, Charlie Rich und B. B. King. Ich sage nicht, dass ich einer von ihnen bin – denn ich bin der Größte!"

Im gleichen Jahr wurde Lewis von der Polizei in Memphis festgenommen, weil er um 3 Uhr morgens sturzbetrunken gegen das berühmte Musiktor vor Graceland gefahren war und, nachdem Elvis ihn nicht sehen wollte, lautstark randalierte!

Selbst nach Elvis' Tod hatte Jerry Lee Lewis immer noch nicht seinen Frieden mit ihm gemacht. In einem Interview 1978 gab er auf die Frage nach seinen Gefühlen bei der Nachricht von Elvis' Tod folgende Antwort: „Ich war glücklich. Nur ein anderer, der nicht mehr im Weg steht. Ich meine, Elvis dies, Elvis das. Immer Elvis. Verdammte Scheiße, was hat Elvis denn gemacht, außer Drogen zu nehmen? ... Ich habe nur Whiskey getrunken ... Elvis, dieser Hurensohn, starb an Drogen ... Er war ein Drogensüchtiger. Ich bin ein Alkoholiker."

Sam Philipps, der beide Künstler entdeckt und mit ihnen gearbeitet hat, drückte die Rivalität etwas geschmeidiger aus: „Bei zwei übernatürlich großen Persönlichkeiten ist immer ein wenig Eifersucht im Spiel, was auch völlig okay ist, solange es nicht jenseits der Grenzen des guten Geschmacks ist ..."

Two-sided Wonders

Im Zeitalter von Downloads und Streaming liest sich das Wort „Single" wie ein Überbleibsel aus der Antike! Doch allen Vinyl-Liebhabern weicht das Lächeln nicht aus dem Gesicht, wenn man sich über die legendären und eher seltenen „double-sided hits" unterhält. Das sind die Singles, deren A- und B-Seite erfolgreich waren und dic in den Charts unter den Top 100 landeten.

Die absolut erfolgreichste Single, die „Billboard's Top 100" je sah, war „Hound Dog"/„Don't be Cruel" (1956) von Elvis. „Don't be Cruel" erreichte Platz 1 und „Hound Dog" Platz 2, sie blieben zusammen 55 Wochen in den Top 100 des Jahres 1956/57: „Hound Dog" tauchte am 4. August 1956 auf Platz 24 der Charts auf, „Don't be Cruel" erschien erstmals eine Woche später auf Platz 28. Danach kletterten die Zahlen stetig weiter nach oben und besetzten die Plätze 2 und 3, während The Platters mit „My Prayer" den Weg zur Nummer 1 erst einmal versperrten. Aber dann, am 15. September 1956, sprang „Don't be Cruel" an die Spitze der Charts und blieb dort sieben Wochen hintereinander. „Hound Dog" erreichte am 6. Oktober 1956 Platz 2. Gut zehn Wochen sollten sich beide Songs in den Top 10 halten.

Da unterschiedliche Magazine und ihre Charts unterschiedliche Zählweisen hatten, gibt es auch zu diesem Thema unterschiedliche Zahlen, aber eine einheitliche Aussage: Kein Künstler hatte mehr „double-sided-hits" als Elvis! Billboard gibt für Elvis von 1956 bis 1968 78 Songs an, die zwar auf einer Single veröffentlicht wurden, aber unabhängig voneinander zu Erfolgen wurden. Zum Vergleich: Die Beatles und Fats Domino teilen sich mit 48 Songs den zweiten Platz auf dieser Liste.

Ach, übrigens:
Schon Ende Oktober 1956 waren laut „Variety" drei Millionen Exemplare von „Don't be Cruel" verkauft, was einen Verkauf von 50.000 Singles pro Woche bedeutete.

Das Kind im Mann

Elvis Presley war nicht einfach eine Berühmtheit im Showbusiness, sondern er war *die* Berühmtheit. Mittlerweile wissen wir alle, dass dies nicht nur Glanz und Glamour bedeutet, sondern auch Einsamkeit und im Zweifelsfall auch einen „goldenen Käfig“.

Um diesem „goldenen Käfig“ zu entweichen und ein wenig Freiheit zu genießen, machte Elvis die Nacht zum Tag und verlegte viele Aktivitäten in die Zeit, in der andere Menschen im Bett lagen und schliefen.

Elvis mietete oftmals den Freizeitpark Libertyland in Memphis für sich und seine Freunde, aber natürlich nach den offiziellen Öffnungszeiten und doch unter regulärem Betrieb.

Eine der Mega-Attraktionen war das „Zippin‘ Pippin“, eine Holzachterbahn, die schon in den 1950er Jahren nicht sehr vertrauenswürdig wirkte. An einem Abend 1957, so erinnerte sich Jerry Schilling, der wie Elvis in Memphis zu Hause war, saßen Elvis und seine damalige Freundin Anita Wood im vordersten Wagen der Achterbahn, während die anderen hinter ihnen Platz nahmen. Jerry Schilling fuhr nicht mit und wartete unten auf die Achterbahnfahrer. Er hörte aus der Ferne das begeisterte Gejuchzte und Geschrei. Als die Achterbahn wieder an ihren Startpunkt zurückkehrte, blieb allen das Herz stehen: Anita saß allein im ersten Wagen! Elvis war nicht zu sehen!

War Elvis aus dem Wagen geschleudert worden? Wo war der King? Viele Anwesende schrien vor Angst und Bestürzung.

Und dann? Plötzlich hörten alle hinter sich ein furchtbar lautes und herzliches Lachen. Elvis lachte wie ein ungezogenes Kind, das allen einen Streich gespielt hatte und sich nun über den Erfolg freute. Nachdem sich alle wieder beruhigt hatten, erzählte er kurz, dass er bei einer Bergauffahrt ausgestiegen war, bevor sich die Achterbahn mit vollem Speed in den Abgrund stürzte und er so die Chance hatte, die wartenden Freunde von hinten zu überraschen!

Ach, übrigens:
Elvis mietete das „Zippin' Pippin" zum letzten Mal eine Woche vor seinem Tod, Anfang August 1977, für seine Tochter Lisa Marie und viele Freunde. Nachdem das Libertyland in Memphis am 29. Oktober 2005 seine Tore für immer schloss, zog das „Pippin" nach Wisconsin um, wo es wieder in einem Freizeitpark (Bay Beach Amusementpark) zum Kreischen animiert.

Auch heute noch ein Hit: die Achterbahn „Zippin' Pippin"

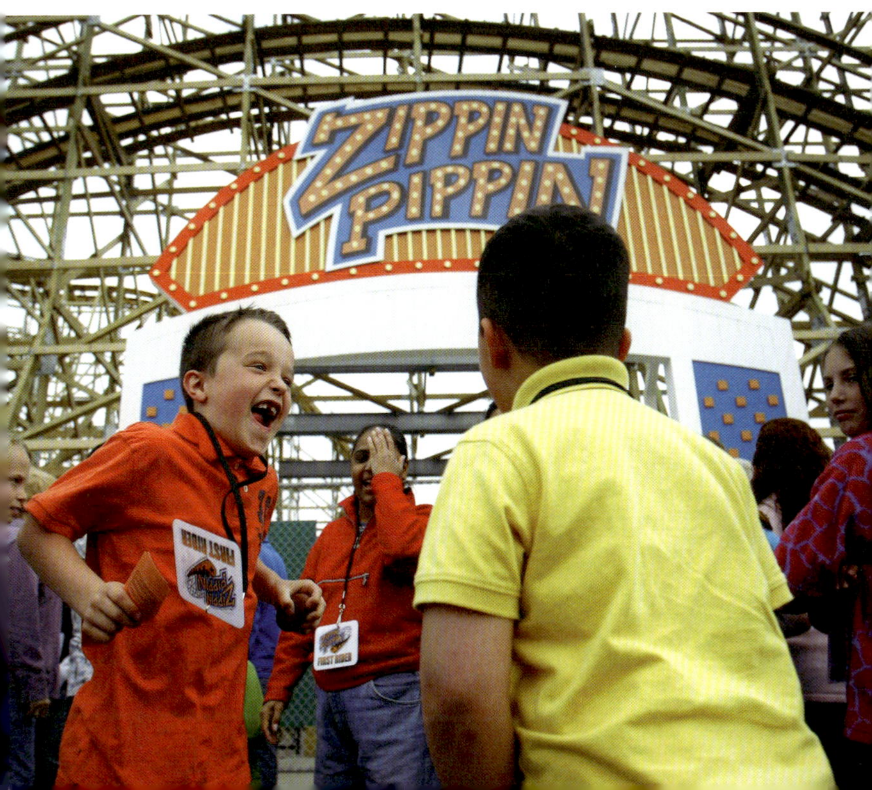

Zahlen & Fakten

Elvis' Plattenverkäufe werden auf über **1 Milliarde** Alben geschätzt. Wie viele unterschiedliche Veröffentlichungen es weltweit von Elvis gibt, wird unbekannt bleiben.

31 Spielfilme drehte Elvis von 1956 bis 1969. Der berühmte Produzent Hal Wallis sagte einmal: „Ein Elvis-Film ist das einzig sichere Geschäft in Hollywood!"

42 Jahre alt wurde Elvis Presley nur, als er am 16. August 1977 auf Graceland in Memphis, Tennessee, verstarb.

18 Songs erreichten Platz 1 in den Charts, was Elvis zu einem der erfolgreichsten Künstler der Popgeschichte macht.

814 verschiedene Songs sind bislang von Elvis auf Tonträgern aller Art zu hören.

1.684 Shows bestritt Elvis in seiner 23-jährigen Karriere.

In **240** Städten der USA trat Elvis auf. Allein in Texas stand er in **48** Städten auf der Bühne. In vielen Städten trat er mehrfach auf.

Elvis verschenkte in seinem Leben ca. **200** Autos an andere Menschen.

1960 bekam Elvis für seinen achtminütigen Auftritt bei der „Frank Sinatra Timex Special"-TV-Show **125.000 USD** (2021: 1.147.364,86 USD). Eine exorbitante Summe, die zuvor noch nie ein Künstler im Fernsehen erhalten hatte.

Laut Rolling Stone **2010** ist Elvis sowohl einer der **3** bedeutsamsten Künstler aller Zeiten und gleichzeitig einer der **3** größten Sänger aller Zeiten.

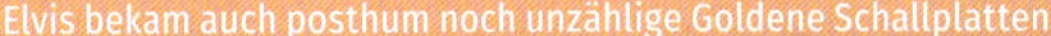

Elvis bekam auch posthum noch unzählige Goldene Schallplatten

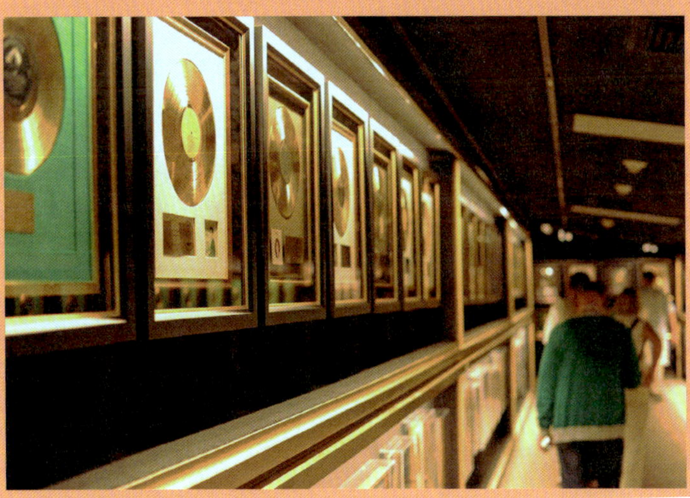

Es gibt nichts Gutes, außer …

Fragen Sie mal herum und viele Menschen werden wissen, dass Elvis gerne und viele Autos – vornehmlich Cadillacs – verschenkt hat. Die Schätzung weist ca. 200 Fahrzeuge aus und dies geschah jenseits von Presse und Kameras. Elvis hat nie vergessen, dass auch er aus einer Familie stammte, die von Zeit zu Zeit ein wenig Hilfe benötigte. Doch wusste er seinen berühmten Namen gezielt für die gute Sache einzusetzen.

Schon 1956 begann er damit, die Impfkampagne gegen Kinderlähmung zu unterstützen. Der „March of Dimes", eine Stiftung, die nach einem Mittel gegen diese Erkrankung suchte, hatte in Elvis den Werbeträger schlechthin und er stellte sich selbst und seine Zeit gern zur Verfügung, um die Menschen für die Unterstützung dieser Stiftung zu begeistern: Er ließ sich öffentlichkeitswirksam impfen und nahm einen Aufruf an die Bürger der USA auf, der im Radio gesendet wurde. Sogar 1959, während seiner Militärzeit in Deutschlan, vergaß er den „March of Dimes" nicht und ließ sich mit dem „Poster-Kind" der damaligen Jahresaktion ablichten.

Einer von Elvis' persönlichen Favoriten war die Wohltätigkeitsarbeit für das St. Jude's Hospital für Kinder in Memphis. 1957 stand er für das Krankenhaus zum ersten Mal auf der Bühne. 1964 kaufte er die Yacht „Potomac" des ehemaligen Präsidenten der USA, Franklin Roosevelt, für 55.000 USD (2021: 477.604,03 USD). Er gab sie direkt weiter, um die Erlöse der geplanten Versteigerung des Schiffes an das Krankenhaus geben zu können.

Viele seiner Aktionen im Sinne der Wohltätigkeit blieben jedoch (fast) unbeachtet. So z. B. seine Unterstützung eines Programms für Verkehrserziehung (1956/57), die Unterstützung einer Aktion einer Einheit der Marines in Form einer Spielzeugspende für unterprivilegierte Kinder (1956), die Zusammenarbeit beim „Coffee Day for Crippled Children" (1957), Blutspenden für das Deutsche Rote Kreuz (1959), Spenden an den „Motion Picture

Relief Fund“ (1965) oder auch eine Spende für die Förderung der nachbarschaftlichen Beziehungen durch das LAPD (1970). Zweimal spendete er auch für den Zoo in Memphis: 1957 und 1962 schenkte er dem Zoo jeweils ein junges Känguru, das er zuvor von australischen Fans geschenkt bekommen hatte.

Die Weihnachtszeit bedeutete Elvis immer sehr viel. Bereits 1957 spendete er 1.050 USD (2021: 10.058,89 USD) an die Schüler seiner ehemaligen Humes High School, sodass alle das jährliche E. H. Crump Memorial Footballspiel besuchen konnten, dessen Erlös für die blinden Menschen der Stadt Memphis gedacht war.

Nach seinem Militärdienst machte Elvis daraus eine Tradition und gab dem Bürgermeister von Memphis in jedem folgenden Jahr „fette“ Schecks über 50.000 USD, später auch über 100.000 USD für die Arbeit der vielen verschiedenen Wohltätigkeitsorganisationen in Memphis. Seine Benefiz-Konzerte sind die wohl populärsten Wohltätigkeitsaktionen: 1956 kamen 14.000 Zuschauer in den Russwood Park in Memphis, um durch ihr Ticket einen guten Zweck zu unterstützen. 1957 wurden die gesamten 14.000 USD (2021: 134.118,51 USD) nach seinem Auftritt in Tupelo, für den Bau eines Jugendzentrums verwendet. Im Februar 1961 waren es zwei Konzerte im Ellis Auditorium in Memphis, die insgesamt 51.612 USD (2021: 464.671,98 USD) einspielten und an Wohltätigkeitsprojekte in Memphis und an das Elvis-Presley-Jugendzentrum in Tupelo verteilt wurden.

Gut vier Wochen später gab er in der Bloch-Arena in Honolulu das „Hawaii-Benefit-Concert“, das 62.000 USD (2021: 558.196,99 USD) für den Bau eines Denkmals für die USS Arizona, die 1941 vor Pearl Harbour gesunken war, einbrachte. Die legendäre „Aloha From Hawaii“-Show, die 1973 weltweit über Satellit ausgestrahlt wurde, ist wohl das bekannteste Elvis-Konzert überhaupt und war ebenfalls ein Wohltätigkeitskonzert: Über 75.000 USD (2021: 454.721,28 USD) gingen an die Kui-Lee-Krebsstiftung. Sein letztes Benefiz-Konzert half den Opfern eines Tornados in McComb, Mississipi, und brachte 100.000 USD (2021: 500.362,45 USD) für den guten Zweck.

Im Konflikt mit dem Gesetz

Zu Elvis' Lebzeiten war sein Name selten im Zusammenhang mit Gerichtsverfahren oder anderen juristischen Zwistigkeiten zu hören. Nichtsdestoweniger gab es einige wenige Angelegenheiten, die für den King vor dem Kadi endeten oder aber zumindest für eine Pressenotiz gut waren.

Schon zu Beginn seiner Karriere gab es Publicity, auf die Elvis eigentlich hätte verzichten können: Von der Presse damals erst viel später beachtet, versuchte Robbie Moore im Juni 1956, eine Begegnung mit Elvis zu ihrem Vorteil auszuschlachten, was ihr, zumindest monetär, gelang. Elvis war am 16. Juni 1956 mit seiner damaligen Freundin Barbara Hearn und Freunden im „Gridiron Café" gewesen und hatte sich mit Ms Moore, die neben ihm an der Theke saß, ein paar harmlose Späße erlaubt, nachdem sie wohl zu den wenigen Damen gehörte, die nicht auf seinen Charme ansprangen. Aber Ms Moore beauftragte kurz darauf einen Anwalt, der alle Register zog und mit einer Klage wegen Verletzung der Privatsphäre und Körperverletzung (Elvis legte seinen Kopf kurz auf ihre Schulter!) drohte. Elvis zahlte 5.500 USD, die sich Anwalt und Klägerin teilten, und sonst passierte nichts.

Am 18. Oktober 1956 fand sich der 21-jährige Elvis vor Gericht in Memphis wieder, da er zusammen mit zwei Angestellten einer Gulf-Tankstelle wegen ungebührlichen Verhaltens, Körperverletzung und Beleidigung angeklagt war. Am Abend zuvor war es mit den Angestellten Edd Hopper und Aubrey Brown zu einer handgreiflichen Auseinandersetzung gekommen, wobei die Schilderungen der Beteiligten sehr auseinandergingen. Elvis wurde aufgrund von verlässlichen Zeugenaussagen freigesprochen und die beiden Tankwarte mussten eine Geldstrafe zahlen. Dennoch erschien die Story tags darauf sogar in der New York Post und Elvis kommentierte: „Ich werde diesen Tag bereuen, solange ich lebe. Ich schätze, dass viele Leute auf so etwas gewartet haben.

Es kommt noch so weit, dass ich noch nicht einmal das Haus verlassen kann, ohne dass mir etwas passiert."

Im November des gleichen Jahres geriet er in einen Tumult in einer Bar in Toledo, wo ihn ein eifersüchtiger Ehemann zu einem Kampf herausforderte. Im März 1957 zielte Elvis mit einer Pistole auf einen Soldaten während einer Zankerei um ein Mädchen, wobei sich die Pistole als Filmrequisite herausstellte und Elvis sich sofort bei dem US-Marine entschuldigte.

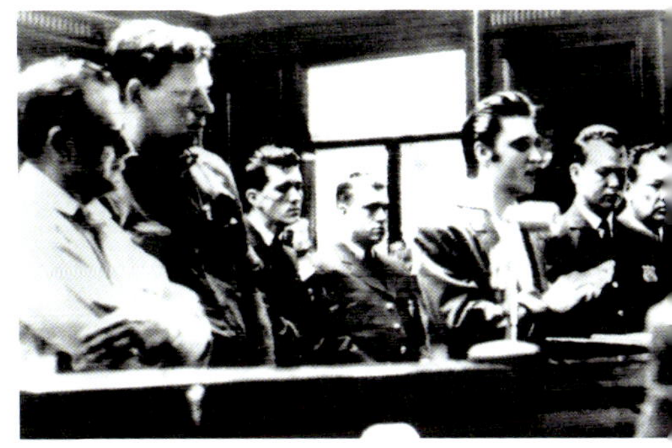

Elvis vor dem Kadi in Memphis, 1956

Der aufsehenerregendste und langwierigste Prozess, dem sich Elvis gegenübersah, war die Vaterschaftsklage von Patricia Parker, die am 26. Januar 1970 Elvis' Premiere in Las Vegas besuchte und es irgendwie schaffte, backstage ein Foto mit Elvis zu ergattern. (Dies sollte später der einzige Beweis eines Treffens der beiden sein!) Nach der Show soll Elvis sie zu sich eingeladen und sie schließlich verführt haben, woraufhin sie schwanger geworden sei. Der Staranwalt Paul Caruso begann mit seiner Mandantin einen sechs Jahre dauernden Vaterschaftsprozess, den die beiden zwar nicht gewinnen konnten, der Elvis aber doch belastete, zumal die Presse gerade 1970/71 intensiv darüber berichtete, er nicht gerade als „Kostverächter" bekannt war und die Regenbogenpresse ein mediales Freudenfest feierte!

Ach, übrigens:
Ms Parker ist nicht die einzige Dame gewesen, die Elvis zum Vater ihres Kindes machen wollte! Über die Jahre hinweg tauchten auch immer mal wieder „echte" Töchter und Söhne des King auf, die aber genauso schnell wieder verschwanden.

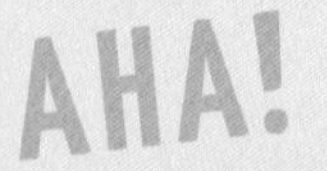

Tiger oder Schmusekätzchen?

Elvis gab Millionen von Menschen eine große Leidenschaft: Ist man Elvis-Fan, ist man es mit Haut und Haaren und diese Leidenschaft ist für sehr viele Menschen auf der Welt Lebensbegleiter. Auch Elvis hatte eine solche Leidenschaft, einen Lebensbegleiter, einen Mittelpunkt seiner Freizeit: Elvis hatte – Karate.

Wie viele Fragen hat die Elvis-Welt in den letzten dreißig Jahren zum Thema „Elvis und Karate“ lesen müssen: Wie lang und wie oft hat Elvis pro Tag trainiert? Hat er überhaupt trainiert? Wie viele Schwarze Gürtel hatte Elvis? War er überhaupt eines Schwarzen Gürtels würdig? War die geplante Dokumentation über diesen Sport ein reelles Projekt oder nur die Spinnerei eines gelangweilten Superstars? Hätte Elvis mit anderen Sportlern mithalten können? Wie viel Sachverstand hatte Elvis in Sachen fernöstlichen Kampfsportes?

War der Tiger etwa nur ein Schmusekätzchen?

Elvis hatte während seiner Zeit beim Militär den ersten Kontakt zu fernöstlichen Kampfsportarten, denn es wird berichtet, dass er 1958 bei seiner Grundausbildung in Fort Hood, Texas, eine Judo- oder Jiu-Jitsu-Demonstration sah und einige Zeit später in Deutschland über Mas Oayma, einen berühmten Großmeister des Karate, las. Er wurde 1959 Schüler des deutschen Shotokan-Karate-Sportlers Jürgen Seydel, der ihn nicht nur regelmäßig unterrichtete, sondern auch im Januar 1960 mit Elvis nach Paris fuhr, wo er einen Kurs bei Tetsuji Murakami belegte und mehrere Stunden am Tag trainierte.

Seydel, der später für seine Verdienste um den deutschen Karatesport das Bundesverdienstkreuz bekam, beschrieb Elvis als einen „ausgezeichneten und ernsthaften Schüler, der schnell, kräftig und hart“ trainierte.

Kurz vor seiner Heimreise in die USA erklärte Elvis der Öffentlichkeit, dass Karate für ihn gleich nach der Musik komme.

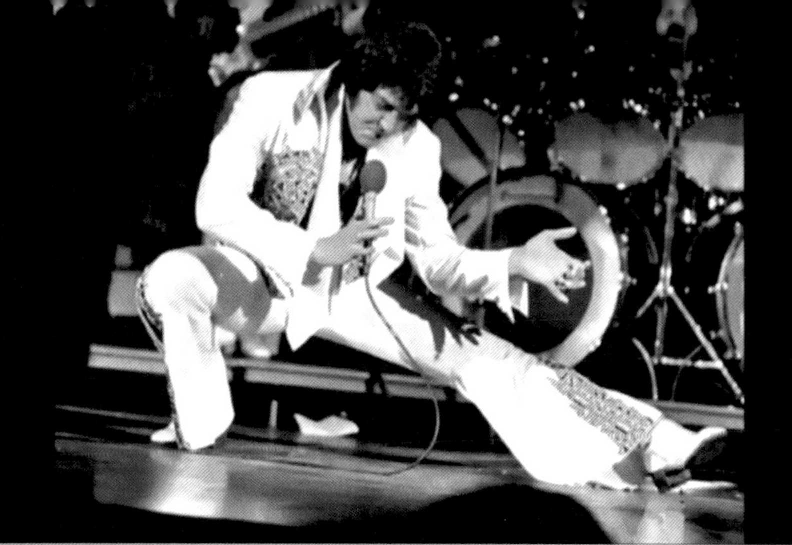

Karate-Move on Stage, 1974

Am 21. Juli 1960 bekam Elvis seinen ersten Schwarzen Gürtel von Hank Slemansky aus dem Shito Ryu in Memphis, der unter anderen Dan Inosanto unterrichtete, der eng mit Bruce Lee zusammenarbeitete. Elvis gehörte zu dieser Zeit zu den wenigen – vielleicht 100 – Amerikanern, die auf dem Schwarzgurt-Level waren.

Elvis' Begeisterung für Karate nahm kein Ende und er war in der Lage, diese Begeisterung auch auf viele andere Menschen in seinem Umfeld zu übertragen.

Bis 1975 erreichte er den 8. Dan im Kenpo und erntete für seine Fähigkeiten in diesem Sport in der Szene große Aufmerksamkeit.

Elvis' Traum war immer, eine Dokumentation über den Karatesport zu machen. Eine Dokumentation, die aus der Perspektive eines Dan-Trägers, eines Schwarzgurtes, gedreht wurde. 1973/74 schien der Traum in Erfüllung zu gehen und man begann mit den begleitenden Dreharbeiten der amerikanischen Karate-Nationalmannschaft in Europa. Elvis finanzierte dieses Projekt und arbeitete zusammen mit Ed Parker, seines Zeichens Kenpo-Karate-Papst, am Buch zum Film.

Elvis' früher Tod verhinderte die Fertigstellung und die Veröffentlichung von „The New Gladiators". Einige wenige Sequenzen des Materials bekamen die Fans 1980 in „This is Elvis" zu sehen, aber der Löwenanteil der Filmaufnahmen blieb verschollen, bis sie 2001 wiedergefunden wurden und 2002 dann endlich in überarbeiteter Form auf DVD erschienen.

Ach, übrigens:
Elvis baute sowohl in seine Spielfilme als auch in seine Liveshows viele Karate-Moves ein!

Geschmeidiger „Tiger"-Man auf der Bühne, 1970

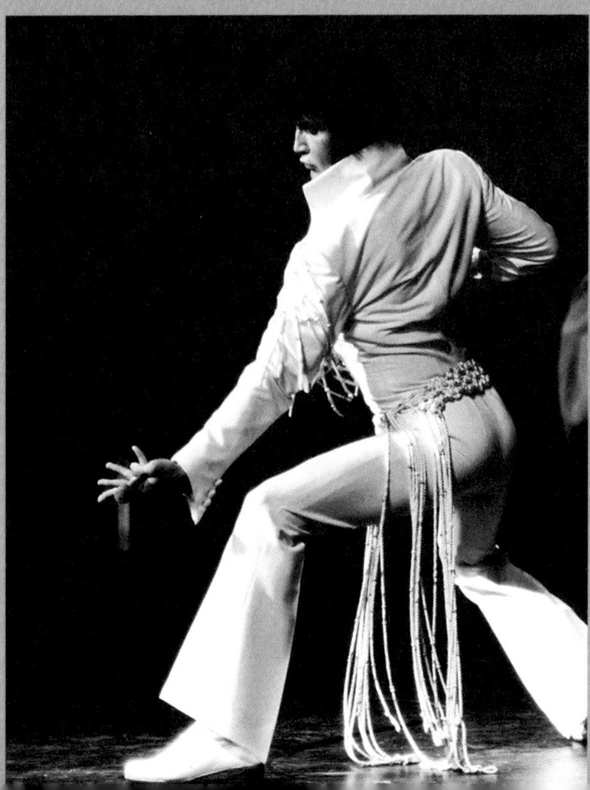

Der Entenschwanz

Elvis war schon immer ein Fan von Tony Curtis. Nach eigenen Aussagen bewunderte Elvis Tonys Aussehen und seine Schauspielkunst, wollte er doch auch ein ernsthafter Schauspieler werden.

Eine erste Verbindung der beiden Stars war der „Entenschwanz“ oder auch – etwas derber – „Entenarsch“, der symbolträchtige Hairstyle der rebellischen Jugendszene der 1950er Jahre, und es gibt nicht wenige Fotos, die Elvis bei der Arbeit an eben diesem Entenschwanz zeigen, bei dem die seitlichen Haarpartien auf dem Hinterkopf mittig zueinander geführt werden.

Dann endlich bei den Dreharbeiten zu „G. I. Blues“, 1960, trafen sich die beiden Stars in den Paramount-Studios. Curtis machte gerade „Zwei in einem Zimmer“ mit Debbie Reynolds und schlenderte in den Drehpausen über das Gelände, als er an Elvis‘ Trailer vorbeikam und sich die Tür öffnete. Später erinnerte er sich in einem Interview: „Ich schaute nach oben und da stand Elvis. Er zog mich in seinen Trailer und sagte: ‚Mr. Curtis, ich möchte Ihnen sagen, dass ich ein großer Fan von Ihnen bin. Ich habe alle Ihre Filme gesehen.‘ ‚Bitte, sag‘ nicht Mr. Curtis zu mir.‘ ‚Wie soll ich Sie denn nennen?‘ ‚Nenn mich einfach Tony. Wie soll ich dich nennen?‘ ‚Mr. Presley.‘ Wir haben uns ausgeschüttet vor Lachen und haben uns direkt sehr gut verstanden!“

Und noch etwas bringt die beiden Männer in Verbindung: Stanley Kramer, der Produzent von „Flucht in Ketten“ (1958), wollte Elvis für die zweite Hauptrolle an der Seite von Sidney Poitier haben, aber letztendlich bekam Tony Curtis die Rolle. Vielleicht lag es daran, dass Elvis 1958 zum Militär ging und es terminlich nicht passte. Wie schade! Curtis bescherte diese Rolle die einzige Oscar-Nominierung seiner Karriere!

Ach, übrigens:
Obwohl sich das Gerücht hartnäckig hält, dass Elvis sich aus Liebe zu seiner Mutter die Haare schwarz gefärbt hat, ist wohl eher Tony Curtis schuld an diesem Umstyling: Schwarze Haare wirkten auf der Kinoleinwand einfach cooler und das war Elvis' Wunsch. Cool aussehen.

Die Frisur will gepflegt sein!

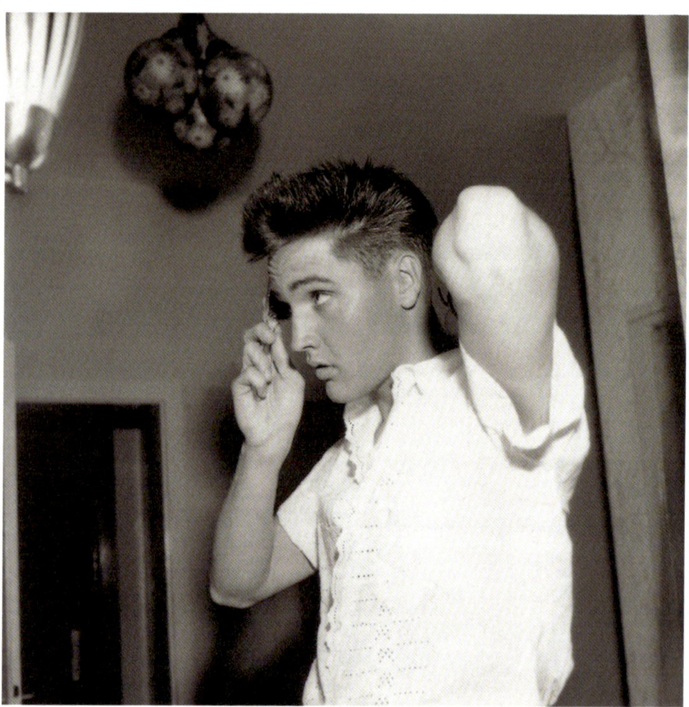

Der Pate – die Memphis-Mafia

Wer hatte eigentlich diese grandiose Idee, Elvis und seiner Entourage einen solchen Namen zu geben? Einen Namen, der einzigartig ist und der gleichzeitig neugierig macht: Was und wer steckt hinter dem Begriff „Memphis-Mafia"?

In den frühen 1960er Jahren tauchte der Begriff der „Memphis Mafia" zum ersten Mal auf. Bei einem Aufenthalt der Truppe aus Memphis in Las Vegas beobachteten neugierige Passanten, wie vor dem berühmten Hotel Riviera zwei schwarze Limousinen vorfuhren und Männer mit schwarzen Anzügen und ebenso schwarzen Sonnenbrillen ausstiegen. „Ist das die Mafia?", rief ein Beobachter laut in die Menge, ein anderer antwortete: „Ja, die Memphis-Mafia!", und ein findiger Zeitungsreporter des Los Angeles Herald Examiner namens James Bacon nahm dies zum Anlass, am nächsten Tag in seiner Zeitung den Begriff „Memphis-Mafia" der Öffentlichkeit vorzustellen.

Elvis mochte diesen Namen auf Anhieb und so wurde „Memphis-Mafia" tatsächlich zu einem feststehenden Begriff. Die „Mafiosi" der ersten Stunde waren Elvis' Cousin Billy Smith, Sonny West, Marty Lacker, Lamar Fike, Joe Esposito, Red West, Charlie Hodge, Jerry Schilling und Alan Fortas.

Im Laufe der Jahre kamen immer mal wieder neue Mitglieder hinzu und manche verließen auch diesen elitären Kreis. Aber eines war gewiss: Ein Mitglied der Memphis-Mafia war privilegiert und hatte uneingeschränkten Zugang und Nähe zum Boss – zu Elvis.

Die Anfänge der Memphis-Mafia gehen bis in Elvis' Zeit an der Highschool und zu seinen ersten Karriereschritten zurück: Elvis, der bereits früh polarisierte und damit auch provozierte, geriet immer wieder in unangenehme Situationen, die er selbst nur schwer händeln konnte. Zu dieser Zeit begleiteten ihn seine Cousins Junior, Gene und Billy Smith und sein Freund Red West,

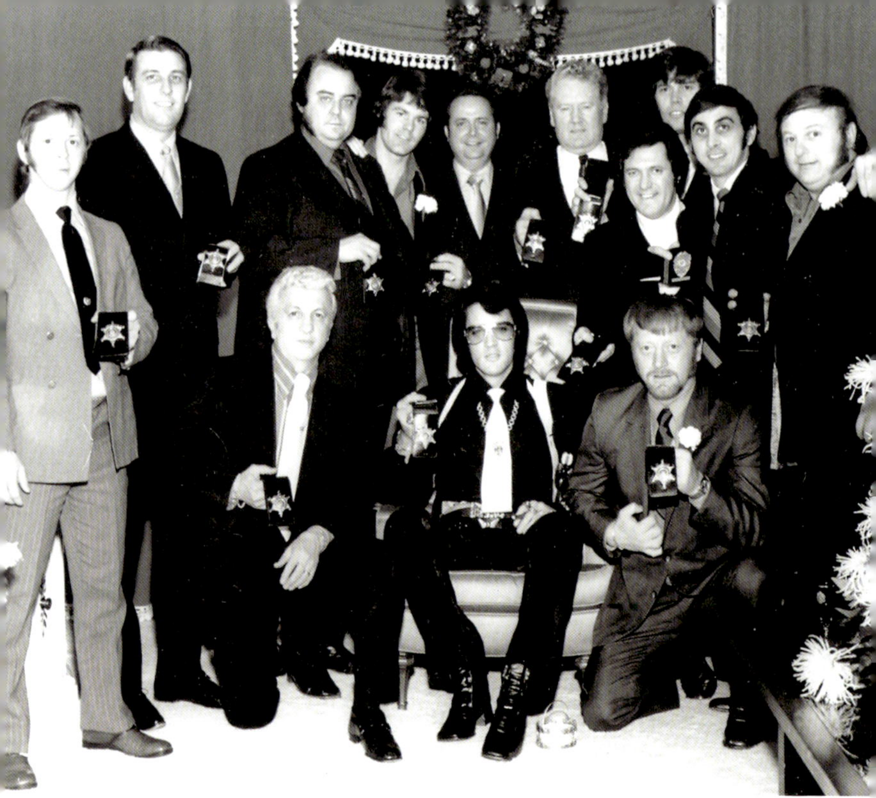

Die Memphis-Mafia mit ihrem Boss

der schon rein äußerlich sehr Respekt einflößend erschien, ein eher aggressives Verhalten an den Tag legte und der ihm oft aus brenzligen Lagen helfen konnte. Dies zu einem Zeitpunkt, an dem der spätere Ausnahmekünstler nur durch schillernde Kleidung und einen ungewöhnlichen Haarschnitt auffiel. Weltruhm war noch lange kein Thema.

Dass Freunde auf einer Gehaltsliste eigentlich wenig zu suchen haben, war für Elvis nie ein Thema. Finanzielle Abhängigkeit und Freundschaft sind keine guten Partner. Aber der Boss sah das anders.

Die Öffentlichkeit betrachtete die „Mafiosi" sehr kritisch: Die einen beäugten die Jungs rund um Elvis argwöhnisch, nannten sie „Schmarotzer" und konstatierten, dass die Herren ihrem

Boss nicht gut täten; wieder andere schätzten die Mitglieder der Memphis-Mafia als enge Freunde und loyale Wegbegleiter, ohne die Elvis verloren gewesen wäre und die ihn stets und in allen Lebenslagen unterstützten.

Nach Elvis' Tod veröffentlichten die Memphis-Mafiosi nach und nach mehr oder weniger lesenswerte Bücher über ihr Leben mit Elvis Presley und nur die wenigsten konnten dem Reiz des Rampenlichtes widerstehen: Fast jeder sah sich als bester Freund, als engster Vertrauter, als derjenige, der besondere Nähe und besonderes Vertrauen genoss.

Die Veröffentlichung, die jedoch in Verbindung mit der Memphis-Mafia am meisten für Furore gesorgt hat, ist „Elvis: What Happened?", die 1977 kurz vor Elvis' Tod veröffentlicht und von Red und Sonny West und Dave Hebler stammte. Die Einsichten in Elvis' Leben – ob nun realistisch oder vom Ärger über ihre vorangegangene Entlassung gezeichnet – ließen die Autoren in der Elvis-Welt zu Verrätern werden und der einst „harte Kern" der Memphis-Mafia wurde zu Geächteten.

Ach, übrigens:
„Elvis: What Happened?" wurde als Einziges der Bücher der Memphis-Mafia ins Deutsche übersetzt!

Elvis lässt die Puppen tanzen

Im Juni 1959, während Elvis in Deutschland seinen Militärdienst absolvierte, zog es ihn – wie so viele Touristen aus aller Welt – in die Stadt der Liebe, nach Paris.

Ein kleiner Unterschied zu den anderen Besuchern der Weltstadt an der Seine war jedoch, dass Elvis nicht im Meer der Touristen unterging, sondern auch dort von der Presse und den Fans verfolgt wurde. Mit seinen Begleitern Lamar Fike, Charlie Hodge und Rex Mansfield wohnte Elvis im noblen Hotel Prince de Galles, in direkter Nachbarschaft zur Prachtstraße Champs Elysées und mit Blick auf den Arc de Triomphe.

Die legendären Nachtclubs der Stadt, das Lido, die Folies Bergère, das Le Bantu und das Moulin Rouge, standen ganz oben auf seiner Liste der „Sehenswürdigkeiten". Das Lido avancierte schnell zu Elvis' Favorit, da er dort nicht in seiner Privatsphäre gestört wurde, zu dieser Zeit die englischen „Blue Bell Girls" auftraten und er backstage ein gern gesehener Gast war.

So besuchten die amerikanischen Herren jeden Abend eine Show in einem der angesagten Nachtclubs, danach die Mitternachtsshow im Lido und holten schließlich die Tänzerinnen aus ihren Garderoben ab, feierten im Le Bantu weiter, bis es schloss, und verbrachten dann einige Stunden zusammen in Elvis' Suite im Prince de Galles. Was dort ablief, kann man nur erahnen ...! An einem dieser Tage hatten Elvis & Co. das gesamte „Blue Bell Girls"-Ensemble mit ins Hotel genommen. Rex Mansfield schilderte es später so, dass man in der Suite kaum treten konnte, da überall Mädchen lagen und schliefen. Bis abends gegen 21:30 Uhr der Manager des Lido anrief und völlig aufgebracht nach seinen Tänzerinnen suchte! „Ich will die erste Show starten, aber mir fehlen die Mädchen!" Panik brach in der King's-Suite aus und die ca. 20 Blue Bell Girls verließen fluchtartig das Hotel, um auf die Bühne zu gehen.

Selbstverständlich mussten sie nicht zu Fuß gehen, sondern wurden mit kurzerhand organisierten Limousinen zum Lido gebracht. Et voilà!

Ach, übrigens:
Elvis war dreimal in Paris (1959 und 1960). Über diese Aufenthalte in Frankreichs Hauptstadt hat er immer als „die schönsten Erinnerungen an diese Zeit" gesprochen.

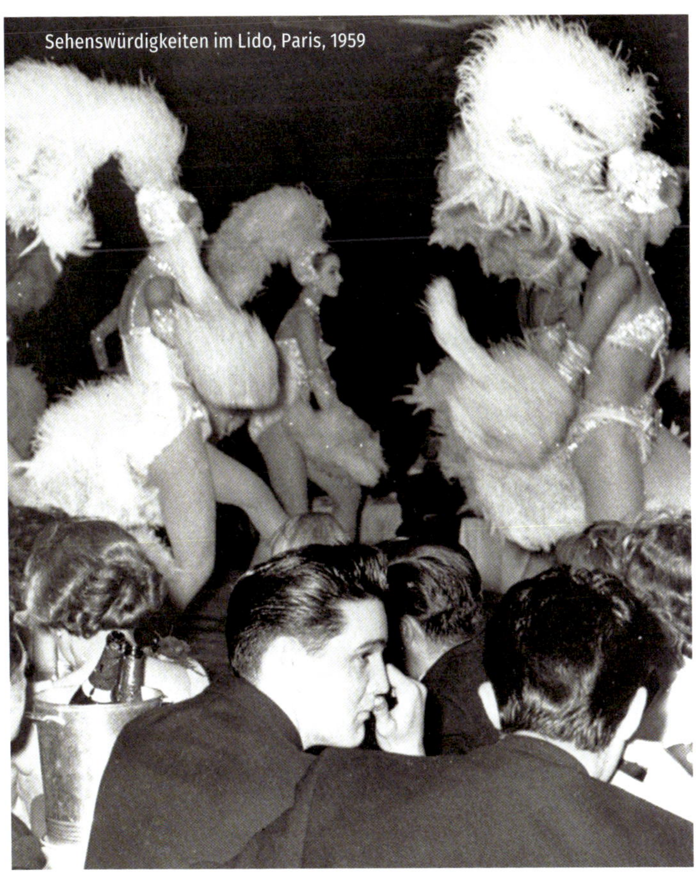
Sehenswürdigkeiten im Lido, Paris, 1959

King of Bling

Elvis ist der „King of Rock 'n' Roll", aber noch bevor er durch seine Musik und seine Person weltberühmt wurde, erregte er mit seiner extravaganten Kleidung Aufsehen. Aufsehen, das ihm nicht immer nur Bewunderung einbrachte, sondern oftmals Häme und Spott. Als Teenager auf der Highschool drehten sich schon viele Köpfe nach ihm um: Kaum jemand kannte seinen Namen, aber jeder kannte den Jungen mit den auffälligen Klamotten. Tommy Hilfiger bezeichnete ihn als „den ersten weißen Jungen, der mit auffälligen Klamotten und Schmuck auf sich aufmerksam machte".

Gerade zu Beginn seiner Karriere standen Elvis und seine ungewöhnlich auffällige Garderobe nicht nur für sein neues musikalisches Genre, sondern für das Anderssein an sich. Nicht nur seine Musik, seine Stimme und seine Bühnenshow waren Gesprächsthema, sondern eben auch seine Kleidung! Welcher andere Mann hätte es damals gewagt, bonbonfarbene Hemden, schwarze oder grüne Hosen und zweifarbige Schuhe zu tragen?

1957 entstand das ikonische LP-Cover „50.000.000 Elvis Fans Can't be Wrong", das Elvis in seinem legendären Goldanzug zeigte und das später oft kopiert wurde. Dieser Anzug, den der berühmte Designer Nudie kreierte, kostete 10.000 USD (2021: knapp 97.000 USD) und sollte allen zeigen, dass Elvis der Größte war.

„The Gold Suit" schaffte es 1992 schließlich auf die Jubiläumsausgabe des Magazins Rolling Stone!

Auch ansonsten war Elvis nicht sparsam mit dem Edelmetall, denn sowohl Autos als auch Badezimmerarmaturen ließ er vergolden oder direkt in Gold herstellen.

Seine Schmuckstücke – die allesamt sehr extravagant designt und mit Diamanten und Edelsteinen besetzt waren – trug Elvis wie selbstverständlich und nicht selten verschenkte er sie wie andere Menschen Gummibärchen.

Die Jumpsuits, die Elvis in den 1970er Jahren auf der Bühne trug und die mittlerweile synonym für ihn stehen, wurden speziell für ihn designt und angefertigt: Von den eher schlicht-eleganten zweiteiligen Anzügen bis hin zu den extravagant verzierten Einteilern waren es Outfits, die in der Welt des Showbusiness ihresgleichen suchten und von vielen anderen Künstlern aufgenommen und selbst interpretiert wurden.

Schon lange her? Nein.
Im Gegenteil.

Ach, übrigens:
Auch als Elvis 1970 Präsident Nixon besuchte, trug er ein extravagantes Outfit (mit dem massiven goldenen Gürtel, den er für den Publikumsrekord im International Hotel bekam), zu dem Nixon bemerkte: „Sehr interessante Kleidung!“, worauf Elvis zurückgab: „Nun, Mr President, Sie haben Ihre Show und ich habe meine!“

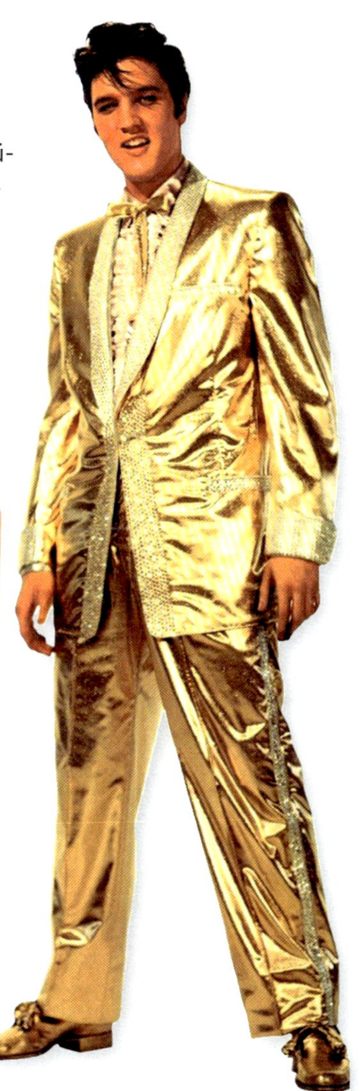

Der ikonische Goldlamé-Anzug von 1957

… and the Oscar goes to …

… Nein, Elvis hat leider nie einen Oscar™ bekommen und war auch nie nominiert, obwohl dies sein größter Traum gewesen ist. Dafür hat Elvis jedoch viele andere bedeutsame Auszeichnungen erhalten, die heute in Graceland ausgestellt sind und zeigen, welche Bedeutung er für die Musik hat. Einige wurden erst posthum verliehen.

14-mal (bis 1978) für den Grammy nominiert, bekam er die Auszeichnung

1967 für das Album „How Great Thou Art" von 1966,
1971 Livetime Achievement Award,
1972 für das Album „He Touched Me" von 1972 und
1974 für die Live-Interpretation von „How Great Thou Art" im Konzert in Memphis vom 20. März 1974.

In die „Grammy Hall of Fame" wurden posthum folgende Songs aufgenommen:

1988 „Hound Dog" (1956)
1995 „Heartbreak Hotel" (1956)
1998 „That's All Right" (1954)
1999 „Suspicious Minds" (1969)
2002 „Don't be Cruel" (1956)
2007 „Are You Lonesome Tonight" (1960)
2017 „Jailhouse Rock" (1957)

Elvis ist als einziger Künstler in allen fünf „Halls of Fame" vertreten:

Rock 'n' Roll
Blues
Gospel
Country
Rockabilly

Der „New Musical Express“(NME)-Award wird in Großbritannien seit 1953 in verschiedenen Kategorien verliehen. Elvis Presley führt die Liste der Gewinner mit insgesamt 26 Auszeichnungen an (gleichauf mit dem britischen DJ John Peel).

1971 „Ten Outstanding Young Men of the Nation“, eine Auszeichnung, die in den USA an Persönlichkeiten aus dem öffentlichen Leben verliehen wird, die sich in besonderer Weise um die amerikanische Gesellschaft verdient gemacht haben. Übrigens die einzige Auszeichnung, die Elvis persönlich entgegengenommen hat.

1978 American Music Awards – Award of Merit

2018 Presidential Medal of Freedom

Der Grammy für das Gospel-Album „How Great Thou Art“, 1966

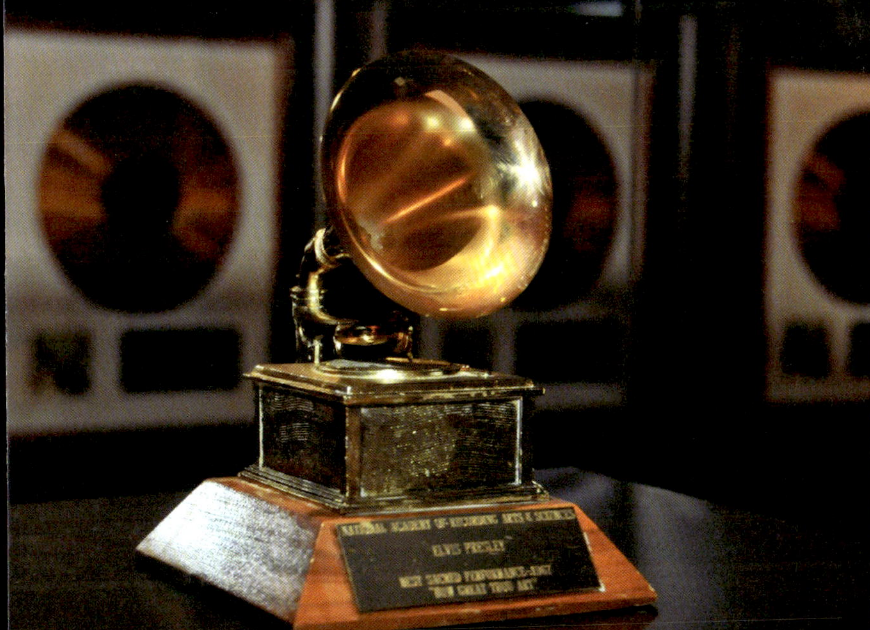

Mr and Mrs Dynamite

„Viva Las Vegas!" brachte Elvis und die schwedische Immigrantin Ann-Margret (Olson) im Juni 1963 zusammen. Als sie sich bei MGM kennenlernten, war Ann-Margret gerade auf dem Weg zum Superstar. In ihrer Autobiografie erinnert sie sich: „Alle schauten uns an. Ich streckte meine Hand aus und er schüttelte sie sanft. ‚Ich habe schon viel von dir gehört', sagten wir beide gleichzeitig, worüber wir lachen mussten, und das Eis war gebrochen."

Die Dreharbeiten zum Film liefen hervorragend und während Elvis und Ann-Margret es selbst noch nicht richtig wussten, „sahen viele andere doch von Beginn an, dass die Funken zwischen uns sprühten!" Natürlich blieb das auch der Presse nicht verborgen und sie verfolgte die beiden auf Schritt und Tritt. Das interessierte Elvis und Ann-Margret jedoch recht wenig, da sie auf dem besten Wege waren, sich in einander zu verlieben, denn sie entdeckten viele Gemeinsamkeiten und hatten eine tolle Zeit zusammen.

Auch mit der Memphis-Mafia kam Ann-Margret wunderbar klar. Sie respektierte Elvis' Jungs, deren Anwesenheit und umgekehrt hielten die Jungs große Stücke auf sie. Ganz anders als Priscilla, die in Memphis auf Elvis wartete und sich bei den meisten der Mafiosi keiner großen Beliebtheit erfreute. „Wie jeder andere auch, hatte Elvis Träume und Wünsche, Hoffnungen und Verletzungen, Bedürfnisse und Schwächen. Er offenbarte seine verletzliche Seite erst, wenn wir allein waren, nachdem sich die Dunkelheit über die Stadt gelegt hatte und wir irgendwo in den Hügeln parkten und auf die Lichter und in die Sterne schauten", berichtete Ann-Margret. Abgesehen von kleinen Eifersüchteleien in Bezug auf die Präsenz vor der Filmkamera passten Elvis und Ann-Margret perfekt zusammen.

Doch wussten beide, dass ihr Verhältnis nichts für die Ewigkeit war, obwohl alle Menschen um die beiden herum den Eindruck hatten, die zwei hätten ihre gegenseitigen Seelenverwandten gefunden. Ihr Spiegelbild im anderen Geschlecht.

Trotzdem war das Ende der Beziehung unausweichlich, denn „es gab Dinge in Elvis' Leben, die ihn dazu zwangen und das habe ich verstanden. Elvis war immer ehrlich zu mir, aber es war trotzdem eine verwirrende Situation. Wir waren noch über ein Jahr lang zusammen und dann wussten wir, dass unsere Beziehung enden musste; dass Elvis seine Verpflichtung erfüllen musste."

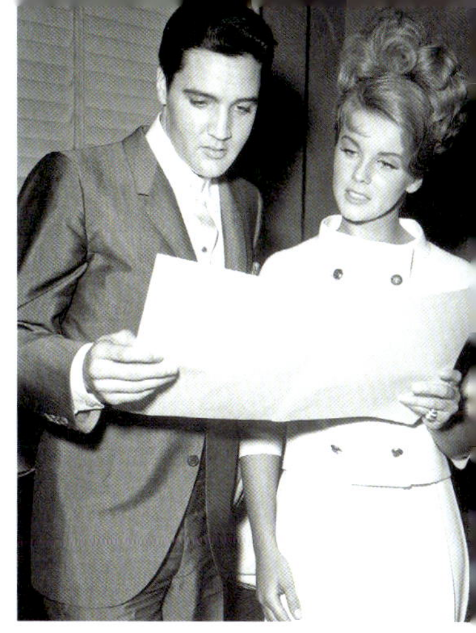

Elvis trifft Ann-Margret zu „Viva Las Vegas".

Diese Verpflichtung hieß Priscilla, die er am 1. Mai 1967 heiratete. Nur eine Woche später heiratete Ann-Margret Roger Smith.

Elvis und Ann-Margret blieben bis zum Schluss tief miteinander verbunden, besuchten gegenseitig ihre Shows und er sandte ihr zu jeder Premiere in Las Vegas ein Blumenbouquet in Form einer Gitarre und ein Telegramm mit Glückwünschen. Nur am 15. August 1977 blieb diese Aufmerksamkeit aus und einen Tag später rief Joe Esposito an, um ihr die katastrophale Nachricht von Elvis' Tod zu überbringen, worauf sie und ihr Mann sofort nach Memphis flogen, um an Elvis' Beerdigung teilzunehmen.

In ihrer Autobiografie von 1994 verzichtet Ann-Margret auf intime Details aus ihrer Zeit mit Elvis und auch in ihren Interviews, in denen sie immer wieder nach Elvis gefragt wird, äußert sie sich sehr zurückhaltend. Eine Eigenschaft, die in diesem Geschäft doch eher selten ist.

Ach, übrigens:
Auch Ann-Margret hatte in den 1970er Jahren ein Suchtproblem. Sie war Alkoholikerin, überwand jedoch ihre Sucht, während Elvis das leider nicht geschafft hat.

Freiheit und Abenteuer

Wohl fast jeder Junge träumt davon, Cowboy zu sein und mit seinem Pferd durch die Prärie zu reiten: Elvis erfüllte sich als erwachsener Mann diesen Traum.

Im Februar 1967 kaufte Elvis die Ranch, die er durch Zufall entdeckt hatte, und taufte sie „Circle G". Wahrscheinlich eine Hommage an seine Mutter Gladys..

Eigentlich lag dieser Schatz direkt vor Elvis' Haustür, denn Horn Lake, Mississippi, liegt zwar in einem anderen Bundesstaat, ist aber ein Vorort von Memphis und nur zehn Autominuten von Graceland entfernt. Nur ein paar Tage später legte Elvis 437.000 USD für die Gebäude, das Grundstück, die Tiere und die Gerätschaften auf den Tisch des damaligen Besitzers Jack Adams und war Rancher.

Elvis war sofort begeistert und wer ihn kannte, wusste, dass nun das „ganze Programm" losging: War Elvis für eine Idee entflammt, gab es kein Halten mehr! 62,6 Hektar, um dem Mann eine gewisse Freiheit zu geben, der sich in Hollywood nicht wohlfühlte und der auch auf seinem Anwesen Graceland nur begrenzt frei war.

Ein paar Monate vorher hatte Elvis für Priscilla und Jerry Schillings Freundin Sandy Pferde gekauft und nun wollte er nicht nur die beiden Frauen, sondern alle anderen Mitglieder seiner Entourage stilecht ausstatten: Jerry erzählte, dass bis zu 40 Pferde auf der Ranch lebten. Daneben stellte Elvis Wohnwagen für seine Freunde und deren Freundinnen auf und war sehr glücklich darüber, mit allen auf „Circle G" leben zu können. Er kaufte El Caminos und Rancher-Trucks, von denen manche auch ein „Circle G"-Logo trugen; Elvis sorgte für Traktoren und für alles, von dem er dachte, dass es für ein Landleben notwendig sei. In kürzester Zeit hatte er insgesamt fast 1 Million USD ausgegeben. Teure Freiheit und teures Abenteuer.

Das war wohl zu dieser Zeit der Preis, den er für ein wenig Freiheit und Abenteuer zahlen musste. Für Elvis war dies alles so kostbar: zurück zu den elementaren Bedürfnissen, ohne viel Schnickschnack. Er wollte schlichtweg mit seinen Freunden zusammenleben und sich eine schöne Zeit machen!

Nachdem die unbeschwerte Zeit mit langen Ausritten, Froschjagden und Picknicks durch seine terminlichen Verpflichtungen immer weniger wurde, verkauften die Presleys die Ranch im Mai 1969 für 440.000 USD an den „North Mississippi Gun Club". Leider blieb der Käufer das Geld schuldig und so fiel „Circle G" wieder an Elvis zurück und wurde erst 1977 wirklich veräußert. 1980 kauften die McLemores den Besitz und betrieben ihn wieder als eine Ranch.

Die weitere Geschichte der einstigen Elvis-Ranch ist sehr bewegt, da es viele Pläne gab, das Gelände wieder zu beleben und für die Öffentlichkeit zugänglich zu machen. Im Jahr 2021 ist die Zukunft von „Circle G" immer noch nicht gesichert. Nur steht es mittlerweile unter Denkmalschutz und kann zumindest nicht irgendeinem Bauvorhaben zum Opfer fallen. Und auch um „Circle G" herum entstanden Gerüchte, die immer mal wieder auftauchen:

Elvis soll die weiße Holzbrücke, die den See überquert, selbst gebaut haben. – Ganz bestimmt nicht, denn sie war von Beginn an Teil der außergewöhnlichen Atmosphäre des Geländes. Das gilt übrigens auch für das große weiße Holzkreuz, das wohl zum Andenken an die ertrunkene Tochter des ersten Besitzers errichtet worden war.

Elvis hat seinen Ehering bei einem Ausritt auf dem weitläufigen Gelände verloren, der nie wiedergefunden wurde. – Tatsächlich erinnern sich George Klein und Jerry Schilling daran, dass Elvis einen Ring verloren hatte und die Suche auch mit einem Metalldetektor erfolglos blieb. Ob es sich allerdings um seinen Ehering gehandelt hat, wird von niemandem bestätigt.

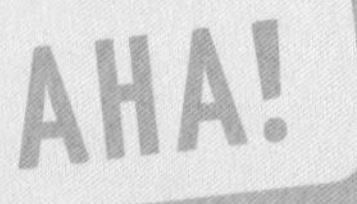

Elvis und die Beatles

Keiner weiß wohl so richtig, warum Elvis und die Beatles immer wieder in Konkurrenz zueinander gesehen werden.

Ja, die Beatles betraten zu einer Zeit die internationale Bühne, als Elvis sich Sorgen um seine Karriere machte. Als Profi im Showgeschäft sah er die Briten nicht als diejenigen, die ihn vom Rock-'n'-Roll-Thron schubsen könnten, aber als diejenigen, die ihm klarmachten, dass sich in seiner Karriere etwas Grundsätzliches ändern musste, wenn er weiterhin an der Spitze des Entertainments bleiben wollte.

Elvis hatte kein wirkliches Interesse an einem gemeinsamen Treffen, aber John, Paul, George und Ringo schon: Auf ihrer ersten Amerika-Tournee 1964 hatte Paul McCartney bereits mit Elvis telefoniert und ein Treffen angeregt, das damals ihren engen Terminkalendern zum Opfer gefallen war. Dafür war Elvis' Manager, Colonel Tom Parker, bei den vier Künstlern aus England aufgetaucht und hatte ihnen Elvis-Souvenirs mitgebracht. Typisch.

Doch 1965 sollte es nun endlich klappen. Viele Vorbereitungen waren nötig, um die Crème de la Crème des Showgeschäfts zusammenzubringen, und die Manager waren sich einig: keine Fotos, keine Audio- und Videoaufnahmen und keine Presse.

Es sollte „dichtgehalten" werden. Das war natürlich frommes Wunschdenken: Am 27. August 1965 versammelten sich Hunderte Fans vor Elvis' Haus am Perugia Way in Beverly Hills, um einen Blick auf das „Gipfeltreffen der Giganten" werfen zu können.

Viele Personen, die damals dabei waren, haben mittlerweile über diesen Abend berichtet und dies oftmals sehr unterschiedlich. Die einen erinnern sich an eine stundenlange Jamsession, die anderen meinen, Elvis und die Beatles hätten überhaupt nicht zusammen musiziert. Die einen meinen, das

Treffen sei für alle enttäuschend gewesen, da die Erwartungen so exorbitant hoch waren und nicht erfüllt werden konnten. Die anderen sagen, dass sich alle wohlgefühlt und einen wunderbaren Abend miteinander verbracht hätten.

Verlässt man sich jedoch auf die Quellen, die am glaubwürdigsten sind – und das sind in diesem Falle Jerry Schilling, Chris Hutchins (Journalist, damals beim New Musical Express) und die Beatles selbst – war es ein schöner Abend, der nach anfänglichen Schwierigkeiten noch sehr entspannt war. John Lennon: „Es war sehr schön, Elvis kennenzulernen. Er war einfach Elvis. Er schien so normal ... Das Fernsehen lief die ganze Zeit, so wie bei mir. Wir haben nicht hingeschaut, es lief einfach ohne Ton und wir hörten Schallplatten. Vor dem TV stand ein riesiger Verstärker mit einem angeschlossenen Bass ... Er sah toll aus in schwarzen Hosen, einem roten Hemd und einer passenden schwarzen Jacke. Er begrüßte uns in seiner ruhigen Art und führte uns in einen großen kreisförmigen Raum. Ein paar seiner Leute waren dabei, genauso wie Colonel Parker und Brian Epstein. Ich weiß, dass Paul, George und Ringo ebenso nervös waren wie ich. Das war der Typ, der seit vielen Jahren unser Idol war ... Er war schon zu seinen Lebzeiten eine Legende und es ist nie leicht, eine Legende zu ihren Lebzeiten kennenzulernen. Wie auch immer, Elvis versuchte, es uns angenehm zu machen. Paul und ich saßen auf seiner einen Seite und Ringo auf der anderen. George saß im Schneidersitz auf dem Boden ...”

Da saßen sie nun und bekamen keinen wirklichen Ton heraus, während die Spannung in der Atmosphäre stieg. Elvis meinte plötzlich „So, Jungs, wenn ihr nur hier sitzt und mich anstarrt, gehe ich ins Bett!“ Damit war das Eis gebrochen.

John Lennon weiter: „Einer von Elvis‘ Leuten brachte uns Drinks und während wir alle Whisky-Cola oder Whisky-Seven-Up tranken, nahm Elvis nur Seven-Up. Auch fasste er keine Zigarette an. Nach einer Weile sagte Elvis: ‚Könnte mal jemand die Gitarren bringen?‘, und wieder sprang einer seiner Leute auf, holte drei elektrische Gitarren, die wir direkt an den Verstärker anschlossen. Elvis spielte den Bass und bekam von Paul ein bisschen Unterricht. Er meinte: ‚So spiele ich den Bass. Ich bin noch nicht so gut, aber ich übe!'"

Paul McCartney erinnerte sich daran: „Ich zeigte ihm ein paar Sachen auf dem Bass ... Auf einmal war er ein Kumpel. Ich sagte ihm, dass Brian Epstein und ich doch noch einen Star aus ihm machen könnten!"

Ringo war ein wenig traurig, da er nur auf seinem Stuhl trommeln konnte, und Elvis sagte: „Zu blöd, dass wir das Schlagzeug in Memphis gelassen haben!"

Mal Evans, der Roadie der Beatles, war selbst ein großer Elvis-Fan und erinnerte sich: „Da spielte Elvis Bass, Paul und John spielten Gitarre und ich saß die ganze Zeit mit offenem Mund da!"

So gegen 2 Uhr morgens machten sich die vier Jungs aus Liverpool wieder auf den Heimweg und sprachen für den nächsten Abend eine Gegeneinladung aus, die Elvis selbst aber nicht annahm, während Mitglieder seiner Entourage am nächsten Abend zum Gegenbesuch aufbrachen.

Nach dem Zusammentreffen erzählte John Lennon: „Es gab nur einen Menschen in den Vereinigten Staaten, den wir überhaupt treffen wollten ... nicht, dass er uns treffen wollte. Und gestern Abend haben wir ihn nun getroffen. Wir können euch nicht sagen, wie wir uns gefühlt haben. Er war immer unser Idol. Als wir das erste Mal hier waren, wollten solche Leute wie Dean Martin und Frank Sinatra mit uns zusammen sein, weil bei uns die Mädchen und Frauen waren. Aber wir wollten diese Leute nicht sehen. Sie mögen uns eigentlich gar nicht und wir finden sie auch nicht toll. Die einzige Person, die wir in den Vereinigten Staaten kennenlernen wollten, war Elvis Presley. Wir können euch nicht sagen, was das gestern Abend für uns bedeutet hat."

Elvis mochte die Musik der Beatles. Er äußerte einmal, dass die frühen Songs der Beatles ihn an den Beginn seiner eigenen Karriere erinnerten.

Er sang verschiedene Titel der Beatles bei seinen Konzerten, wie „Yesterday" oder „Hey Jude". Der Hammerbeat von „Get back" war in der Dokumentation „That's The Way It Is" (1970) zu hören. George Harrisons „Something" sang Elvis bei seiner legendären „Aloha From Hawaii"-Show.

Paul McCartney schwärmt immer noch von Elvis und hat in der Öffentlichkeit immer zu seinem Elvis-Fan-Sein gestanden. George Harrison hat Elvis später noch einmal getroffen, nämlich 1972 backstage im Madison Square Garden.

John Lennon hat wohl mit das berühmteste Zitat über Elvis geprägt: „Before Elvis there was nothing!"

Ein mediales Fest – Elvis und die Beatles

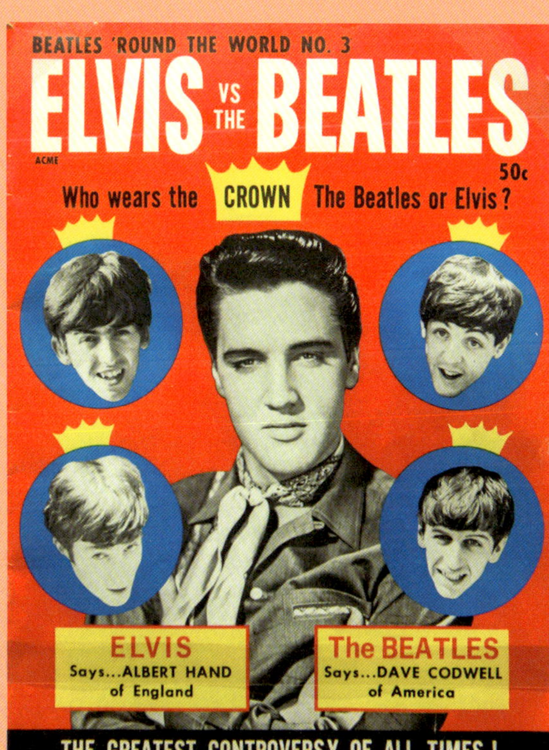

Zu Unrecht der King of Rock 'n' Roll?

Seit vielen Jahren trägt Elvis diesen Titel, aber die Antwort auf die Frage muss ein klares „JA!" sein. Nun werden viele Fans wahrscheinlich laut aufschreien. Jedoch ist die Antwort auf diese Frage deshalb so eindeutig, weil der Rock 'n' Roll tatsächlich nur einen Bruchteil seines Repertoires ausmacht und Elvis Presley so viel mehr kann und längst nicht so festgelegt ist, wie die Öffentlichkeit das oftmals wahrnimmt.

Elvis hat in seiner 23-jährigen Karriere mehr als 800 Titel aufgenommen und davon waren die wenigsten tatsächliche Rock-'n'-Roll-Titel.

Als Elvis 1954 die Bühnen der USA betrat und bald darauf in jedermanns Mund und Ohr war, war es der Rock 'n' Roll, der in Verbindung mit Elvis' Stimme und seinem unglaublichen Aussehen den Teenagern auf der ganzen Welt den Atem raubte.

Doch mit dem Beginn seiner Militärzeit war der Rock 'n' Roll – so wie man ihn damals kannte und wie auch Elvis ihn kannte – nicht mehr existent. Natürlich gab es noch den Rock 'n' Roll, keine Frage, aber für Elvis brach ein neues Zeitalter an: Er hatte nun mehr musikalische Freiheiten und hatte sich stimmlich weiterentwickelt.

Das erste Album nach seiner Rückkehr vom Militär „Elvis Is Back!" zeugt in beeindruckender Weise davon und ist der Beweis dafür, dass diese Entwicklung nicht einfach passierte, sondern bewusst geschah: Mehrere Bluessongs, Rhythm & Blues, Rock, Pop und das große Drama, das in „Fever" liegt, machen dieses Album zu einem absoluten Klassiker!

Elvis' Stimme hatte an Ausdruckskraft und Volumen gewonnen und umfasste nun fast drei Oktaven!

Verfolgt man Elvis' Karriere und seine musikalische Entwicklung, muss man am Ende des Tages zu dem einzig mögli-

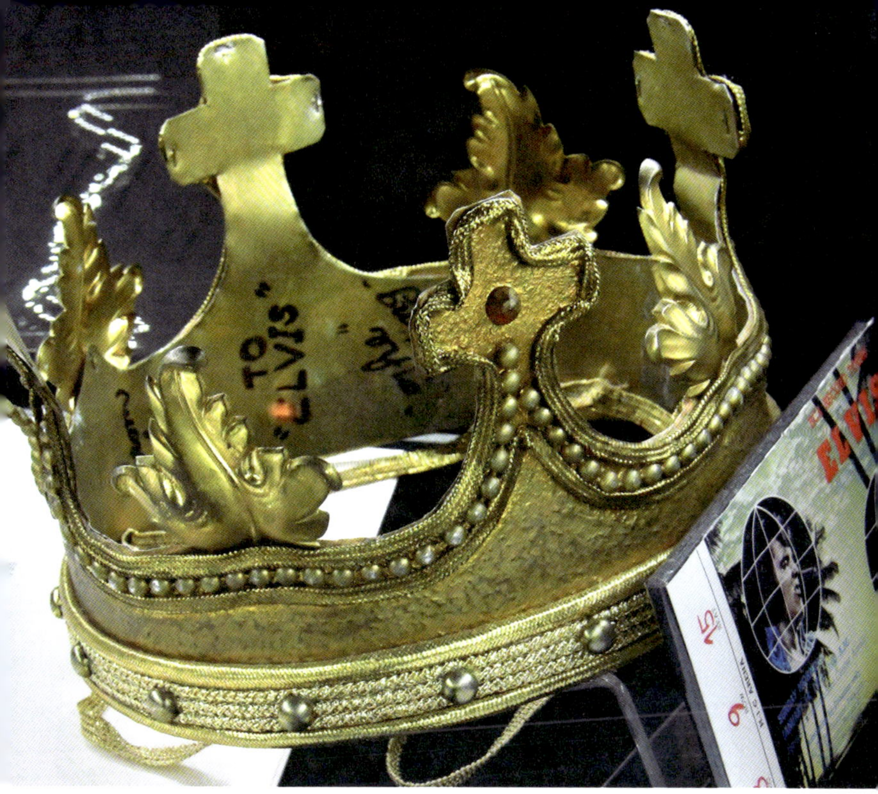

Der König und eine Krone – von einem Fan im „Aloha From Hawaii"-Konzert, 1973

chen Schluss kommen, den es gibt: Elvis war nicht nur der King of Rock 'n' Roll, sondern der King of Music, denn selbst gegen Ende seines Lebens hört man auf den Alben eine solche musikalische Vielfalt, dass viele Menschen, die nicht wissen, dass Elvis mehr als „In The Ghetto", „Jailhouse Rock" und „Love Me Tender" aufgenommen hat, ihren Ohren nicht trauen und verstört fragen: „Das ist Elvis?"

Ja, das ist Elvis.

Ach, übrigens:
Der bekannte Musikjournalist und Autor Greil Marcus hat Elvis' Gesang auf der LP „Elvis Is Back!" einmal als „pornografisch" bezeichnet.

Der King in der Biologie

Da soll noch einer sagen, Elvis wäre bedeutungslos und nicht aktuell!

Bereits 2012 veröffentlichten Miller et al. die neue Entdeckung der Röhrenspinnen-Spezies „Paradonea presleyi", die in Afrika vorkommt und bis zu 7 mm lang werden kann. Die entdeckten Exemplare waren ausschließlich Männchen und so ist auch nur die Beschreibung dieser Männchen möglich, die einen samtig behaarten Körper haben und am Hinterleib ein charakteristisches „L" in cremefarbiger Behaarung. Die Beine sind gelbbraun behaart.

Miller et al. gaben diesem Tierchen seinen Namen, da Elvis immer wieder das Motiv der sogenannten Samtmalerei ist, die als Kunstrichtung auf der Welt weit verbreitet ist, und so im Zusammenhang mit der samtigen Behaarung des Spinnentiers steht. Ob es nicht einfacher gewesen wäre, sich als Elvis-Fan zu outen und diese Hommage an den King so zu begründen?

Am 25. Mai 2020 veröffentlichte die wissenschaftliche Autorin Maria Temming in Science News einen Artikel über „Eine neue Untersuchung der Kriechtiere, bekannt als ‚Elvis Würmer', bringt die Familie der Schuppenwürmer völlig durcheinander": „Diese Tiefseebewohner stellen glitzernd schimmernde Schuppen zur Schau, die an die Pailletten auf Elvis' legendären Jumpsuits erinnern. Die genetische Analyse dieser Kreaturen ergab, dass die Elvis-Würmer in vier Spezies von Schuppenwürmern unterteilt sind … Die Forscher wissen nicht, warum die Elvis-Würmer solche auffälligen Schuppen entwickelt haben, da diese Tiere in der dunklen Tiefsee leben … Diese Tiefsee-Elvis-Imitatoren haben einiges gemeinsam, wie z. B. neun paarige Schuppen, aber jede Spezies hat ihr spezielles Aussehen …"

Nun werden die neu entdeckten Tierchen wohl die Tiefsee rocken! Burning Love, Baby!

Zahlen sind doch Schall und Rauch ...

Elvis hat wie viele Tonträger verkauft? Wie viele waren es? – Keine Ahnung! Nicht, dass es zu diesem Thema keine Zahlen gäbe. Nicht, dass es zu diesem Thema keine Aussagen der Plattenindustrie gäbe. Egal welche Quelle man bemüht – RCA, RIAA oder die Elvis Presley Enterprises –, leider sind die Angaben sehr unterschiedlich, da nach unterschiedlichen Maßgaben berechnet wurde und somit die Verkaufszahlen nur Annäherungen sind. Wenn auch gut belegte Annäherungen, aber eben nur das – aber auch nicht weniger!

Einige wenige Aussagen sind allerdings so belastbar, dass sie an dieser Stelle veröffentlicht werden:

RCA Victor (und seine Nachfolgefirmen, z. B. Sony) haben – nach eigenen Aussagen – keine lückenlose Dokumentation und damit keine Nachweise mehr über die Verkäufe in den Jahren 1977 bis 1978. Die Nachweise der Verkäufe seit 1956 sind ebenfalls unvollständig.

Allein in den USA sind 1956 bis 2020 schätzungsweise 500 Millionen Alben verkauft worden. Die Schätzungen für die Verkäufe außerhalb der USA belaufen sich nochmals auf die gleiche Anzahl, sodass man von nahezu 1 Milliarde verkaufter Tonträger ausgeht.

Setzt man sich über die Widrigkeiten hinweg und konsultiert die einschlägigen internationalen Seiten, wurden Elvis bis 2018 weltweit 188 Goldene und 342 Platinalben verliehen. Das sind die Auszeichnungen für die nachweislich verkauften Tonträger.

Seit 2004 wird Elvis als der Solokünstler geführt, der weltweit die meisten Tonträger verkauft hat. So steht es auch im Guinness-Buch der Rekorde.

Ach, übrigens:
Verkaufszahlen sind doch eigentlich auch egal, oder?

Fake News und alternative Fakten

Wenn man als Elvis-Fan etwas gelernt haben sollte, dann ist es, nicht alles zu glauben, was man über Elvis Presley in den Medien hört und liest! Und wenn viele Menschen vielleicht glauben, dass die sogenannten „Fake News“ ein Phänomen des Internetzeitalters sind, muss man ganz klar sagen, dass es diese Art von Berichterstattung schon immer gab. Nur wurden diese Veröffentlichungen anders wahrgenommen, nämlich als tatsächliche Wahrheiten. Die Kunst dabei war schon immer, die Botschaft so zu transportieren, dass sie auf sachlicher und emotionaler Ebene glaubhaft und nachvollziehbar erscheint.

Ein Meister seines Faches in dieser Disziplin war Elvis‘ Manager Tom Parker, der selbsternannte „Colonel“, der damals allerdings weder den Begriff „Fake News“ noch „Alternative Fakten“ kannte, obwohl die gut von ihm hätten stammen können! Für den Colonel war es das „Snowing“ und zu diesem Zweck gründete er sogar den „Snowman’s Club“, der eher exklusiv und längst nicht für jedermann zugänglich war.

Parker, der ursprünglich aus dem Umfeld des Jahrmarktes kam und durch dementsprechende Werbefeldzüge geprägt war, ließ keine Gelegenheit aus, um seinem „Jungen“, wie er Elvis nannte, Publicity zu verschaffen. Das Statement: „Egal, was über dich in der Zeitung steht – Hauptsache, dein Name ist richtig geschrieben!“, wird Parker zugeordnet und genau so hat er gehandelt.

Heute, über 40 Jahre nach Elvis‘ Tod, tauchen noch immer neue Storys auf, erinnern sich Weggefährten plötzlich an ihre Begegnungen mit Elvis und nicht zuletzt werden Geschichten als Tatsachenberichte getarnt, um die angebliche Seriosität zu erhöhen. Vor allem, wenn es sich um Veröffentlichungen aus dem „inneren Kreis“ handelt, sollte man doch ein wenig vorsichtig sein.

Hier sind einige Beispiele, die erst vor Kurzem veröffentlicht wurden oder immer wieder auftauchen. Also aufgepasst!

In der zeitgenössischen Presse 1960 und auch 60 Jahre später wird berichtet, dass riesige Gruppen von aufgebrachten Fans den Zug umlagerten und sogar enterten, mit dem Elvis nach seiner ehrenvollen Entlassung aus der Armee von Washington, D.C., nach Memphis fuhr. Geschildert werden hysterische Fans, die versuchten, an Elvis heranzukommen, der sich bei ausgesuchten Stopps entlang der Strecke zeigte, und deren Präsenz an den Bahnhöfen Gefahr lief, aus dem Ruder zu laufen.

Ja, entlang dieser Bahnstrecke hielt der Zug nach Memphis mehrere Male und ja, viele Fans waren überglücklich, ihr Idol nach einer so langen Zeit wiederzusehen, und begrüßten ihn überschwänglich. Von Hysterie und „aus dem Ruder laufenden" Menschenmengen kann jedoch keine Rede sein, was in den Filmaufnahmen, die es von diesen Ereignissen gibt, klar bewiesen wird. Übertreibung ist alles!

Im Zusammenhang mit seinem legendären Comeback 1968 wird berichtet, Steve Binder, der Regisseur der TV-Show, hätte mit Elvis einen Spaziergang über den Sunset Boulevard in Los Angeles unternommen, um ihm zu zeigen, dass ihn kein Mensch erkennen würde und sein Ruhm verschwunden sei. Bei allem Respekt – welchen Grund sollte Binder gehabt haben, Elvis in eine solche peinliche Situation zu bringen? Erstens war Binder sicher in der Lage, Elvis seine Ideen anders begreiflich zu machen, und zweitens ist es mehr als unwahrscheinlich, dass Elvis unerkannt über den Sunset Boulevard hätte gehen können. Abgesehen davon war es nicht Elvis' Stil, einen Spaziergang durch Los Angeles zu machen.

Viele Geschichten ranken sich auch immer wieder um Elvis' Filmzeit in den 1960er Jahren. Es wird kolportiert, dass Filme, in denen er sogenannte „ernsthafte Rollen" spielte, kein Erfolg an den Kinokassen und für alle Beteiligten ein finanzielles Desaster waren. So z. B. „Wild in the Country" und „Flaming Star".

Fakt ist, dass alle Filme ihre Produktionskosten bereits an den US-amerikanischen Kinokassen wieder hereinholten und Filme wie „Wild in the Country“ mit einem Budget von knapp 3 Millionen USD und Einnahmen von über 5,5 Millionen USD sicher nicht als kommerzieller Flop angesehen werden können.

Zusätzlich geht es immer wieder um verlorene Chancen auf substanzielle Rollen in großen Hollywood-Filmen und hier steht Elvis‘ Manager Parker im Kreuzfeuer der Kritik, da er stets derjenige gewesen sein soll, der Elvis die Mitarbeit an diesen Projekten verboten hat.

Fakt ist, dass es oftmals die von Elvis unterschriebenen Verträge waren, die eine Rolle in Filmen wie „Thunder Road“ mit Robert Mitchum unmöglich machten. 1957 stand er bei MGM unter Vertrag und hatte keine Möglichkeit, mit Mitchum bei United Artists den Film zu machen, ohne vertragsbrüchig zu werden. Natürlich war der Colonel nicht ganz unbeteiligt, denn schließlich war er es, der die Verträge aushandelte …!

Das Gleiche gilt für die Story, dass Elvis sich geweigert haben soll, im Film „Flaming Star“ am Lagerfeuer sitzend den Song „Summer Kisses, Winter Tears“ zu singen, obwohl man diese Szene gedreht hatte. Die Entscheidung, diese Sequenz nicht mit in den Film aufzunehmen, hatte jedoch gar nichts mit Elvis zu tun, denn bei einem Vorab-Screening des Films kam es bei einigen Zuschauern zu lautem Lachen, was für die Verantwortlichen Grund genug war, diese Szene nicht in der Endfassung des Films zu belassen.

Während der Dreharbeiten zu „Clambake“ soll Elvis im Medikamentenrausch im Badezimmer gestürzt sein, eine schwere Kopfverletzung davongetragen haben und wiederbelebt worden sein. Fakt ist, dass Elvis tatsächlich in der Nacht vor Beginn der Dreharbeiten in seinem Badezimmer stürzte. Der hinzugezogene Arzt stellte fest, dass er keine ernsthaften Verletzungen oder gar Brüche davongetragen hatte. Die Wiederbelebungsmaßnahmen waren weder nötig noch wurden sie durchgeführt.

Es gibt noch viele solcher „alternativer Fakten“, aber wie man mittlerweile sicher weiß, ist Parkers Meisterleistung in diesem Feld sicherlich die Verbreitung der Nachricht, dass ca. 1,5 Milliarden Menschen im Januar 1973 die „Aloha From Hawaii“-Show, die über Satellit übertragen wurde, gleichzeitig und live gesehen haben sollen. Dieses Märchen hat sich 40 Jahre gehalten und so ins kollektive Gedächtnis eingebrannt, dass es sich – trotz gegenteiliger Belege –immer noch in den Medien wiederfindet Der Colonel amüsiert sich wahrscheinlich noch jetzt darüber.

Also, schön wachsam sein, wenn es um Äußerungen in der Elvis-Welt geht, die nicht glaubwürdig belegt sind! Denn nur, wenn die Fans nicht alles einfach so hinnehmen, können „Fake News und alternative Fakten“ aufgedeckt und die Wahrheit ans Licht gebracht werden!

Ach, übrigens:
Seriöse Informationsquellen sind solche Bücher wie:

- „Elvis Day by Day” von Peter Guralnick und Ernest Jorgensen
- „Last Train to Memphis: The Making of Elvis Presley” von Peter Guralnick
- „Careless Love: The Unmaking of Elvis Presley” von Peter Guralnick

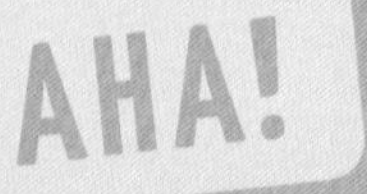

Ein Tag im Mai 1967

Wenn es einen Mann auf dieser Welt gegeben hat, von dem man nie gedacht hätte, dass er sein Junggesellenleben aufgeben würde, so war es Elvis Aaron Presley. Und wenn man ganz ehrlich ist, hat er das auch nicht wirklich, aber als am 1. Mai 1967 die größte Sensation in der Welt des Entertainments publik wurde, dachte die ganze Welt nur: „Elvis hat geheiratet – das kann doch nicht wahr sein!“

Als Elvis und Priscilla sich 1959 in Bad Nauheim kennenlernten, hätte wohl niemand daran gedacht, dass für die beiden knapp acht Jahre später die Hochzeitsglocken läuten würden. Um diese Hochzeit und ihr Zustandekommen ranken sich viele Gerüchte und wir werden sicher nie wirklich erfahren, ob es tatsächlich nur Gerüchte sind oder ob nicht doch mehr als ein Körnchen Wahrheit daran ist.

Marty Lacker, ein Mitglied der Memphis-Mafia, berichtete, dass Elvis im Dezember 1966 auf ihn zukam und ihm erzählte, dass er Priscilla einen Heiratsantrag machen und ihn gern als seinen Trauzeugen dabeihaben wolle.

Nach seinem Antrag begann der eigentlich schwierigste Teil des Vorhabens: Es durfte nichts von den Hochzeitsplänen an die Öffentlichkeit dringen. Alle Vorbereitungen mussten unter absoluter Geheimhaltung geschehen. Der Clan wollte natürlich unter allen Umständen vermeiden, dass die Medien diese Jahrhunderthochzeit sprengen würden.

Die gewieften Hollywood-Reporter rochen aber schnell Lunte und ahnten, dass etwas Außergewöhnliches geschehen würde, nicht ahnend, welcher Sensation sie auf den Fersen waren.

Der Colonel entschied ziemlich schnell, dass im Aladdin Hotel in Las Vegas geheiratet werden soll, da Milton Prell, der damalige Besitzer des Hotels, einer seiner langjährigen Freunde und Nachbar in Palm Springs war.

Die Geheimsache „Hochzeit" wurde generalstabsmäßig umgesetzt und es wurde mit allen Tricks der Ablenkung gearbeitet: Elvis, Priscilla, Joe, seine Frau und George Klein flogen in der Nacht des 29. April nach Palm Springs. Vernon und Dee nahmen von Memphis aus den Zug und stiegen in San Bernardino aus, um die Journalisten am Bahnhof in Los Angeles zu umgehen. Die restlichen Jungs kamen alle nacheinander an und der anwesenden Presse war natürlich klar, dass irgendetwas im Gange war, aber was, konnte zu diesem Zeitpunkt nur Spekulation sein.

Trotz einer bemerkenswerten Polizeipräsenz vor dem Haus versuchten die Reporter, die Hausangestellten zu bestechen, und boten bis zu 500 USD (2021: ca. 4.000 USD) für Informationen. Aber sie hatten keinen Erfolg damit und bissen bei den loyalen Angestellten auf Granit!

Dies hatte natürlich zur Folge, dass jeder, der das Haus verließ, von der Presse verfolgt wurde: „Einmal fuhren Joe und ich zu einem kleinen Laden, um ein paar Zigaretten zu kaufen, und Rona Barrett, die bekannteste Klatschreporterin der USA, verfolgte uns in ihrem Auto.

Das obligatorische Hochzeitsfoto

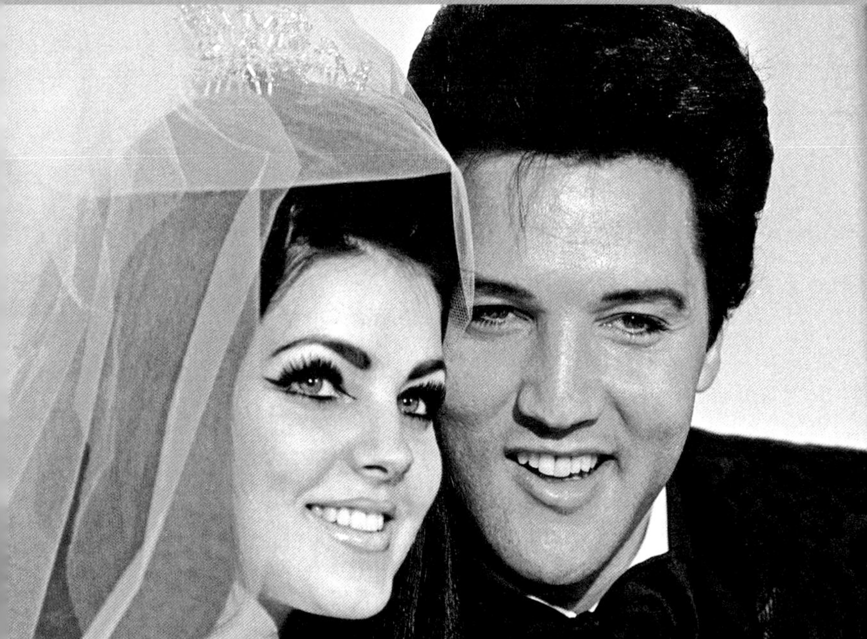

Als wir bemerkten, dass sie uns folgte, entschlossen wir uns, sie ein wenig an der Nase herumzuführen ... Sie wusste offensichtlich nicht, dass wir sie erkannt hatten, und sie stand sehr nah bei uns, als wir verschiedene Dinge anschauten, aber sie trotzdem nicht kauften. Ich sagte solche Sachen wie: ‚Junge, Junge, es ist doch toll, dass es endlich doch passiert.' Und Joe antwortete: ‚Ja, ich war nicht sicher, dass es tatsächlich irgendwann geschehen würde.' Dann gab ich zurück: ‚Ja, nach dieser langen Zeit ...' Wir blieben viel länger in diesem Laden als nötig und nur, um Rona an der Nase herumzuführen. Jahre später erinnerte mich Rona an diese Story!", berichtete Marty Lacker.

In der Nacht zum 1. Mai flogen alle Beteiligten aus Memphis nach Las Vegas und betraten zusammen das Aladdin Hotel durch den Hintereingang, um ihre Zimmer zu beziehen. Gegen vier Uhr am Morgen betraten Elvis und Priscilla das Gerichtsgebäude in Las Vegas, um sich, begleitet von Joe Esposito und von einem Sicherheitsmann eskortiert, die Heiratslizenz geben zu lassen. Außer den Angestellten war niemand im Raum und so erfuhr auch an dieser Stelle kein Mensch vorab die große Neuigkeit.

Wieder im Hotel teilte Esposito Lacker mit, dass keiner der Jungs an der Hochzeit teilnehmen würde. Beiden war klar, dass diese Entscheidung den Memphis-Mafiosi sehr wehtun würde: Nach all den gemeinsamen Jahren und Erlebnissen sollten Elvis' Freunde von diesem großen Ereignis ausgeschlossen werden. Wer diese Entscheidung getroffen hat, wird letztendlich auch nicht mehr zu klären sein, und wir müssen uns mit den verschiedenen Theorien begnügen: Zum einen wird erzählt, dass Priscilla sich eine intimere Atmosphäre ohne Elvis' Jungs für die Zeremonie gewünscht haben soll, und zum anderen wird der Colonel für diese Entscheidung verantwortlich gemacht, um Platz für einflussreiche Geschäftspartner zu schaffen.

Für Joe und Marty stand jedoch fest, dass es auf jeden Fall nicht Elvis war, der diese Entscheidung gefällt hatte. Keiner der Jungs nahm dies leicht hin und der Schmerz saß tief.

Wie es noch heute bei Promi-Hochzeiten ist, stand auch 1967

die Garderobe des Brautpaares im Mittelpunkt des Interesses: Priscilla trug ein weißes Organza-Kleid, ganz im Stil der „Hängerkleider“ der 1960er Jahre, mit Zuchtperlen gerafft, Spitzenärmeln und einem dreiviertel Meter langen Tüllschleier, der von einer Krone aus Rheinkristallen gehalten wurde. Der Bräutigam trug einen klassischen schwarzen Smoking, der sich allerdings durch ein schimmerndes Paisley-Muster von anderen „normalen“ Smokings abhob. Während erzählt wird, dass Priscilla ihr Kleid selbst entworfen habe, gibt Marty Lacker an, dass er Elvis‘ Anzug designt hat, der dann von Filmkostümschneidern umgesetzt wurde.

In einer achtminütigen Zeremonie vor dem Friedensrichter David Zenoff in der Suite des Hotelbesitzers Milton Prell heiratete der begehrteste Junggeselle der Welt.

Bei dem anschließenden Brunchempfang im „Aladdin Room“ nahmen Repräsentanten vieler Filmstudios, von RCA, dem Musikverlag Hill and Range, und andere Geschäftspartner teil.

Der Chefkonditor des Aladdin Hotels Denis Martig berichtete dem People Magazin später ausführlich über die süßen Highlights der legendären Hochzeit. Die Torte soll wohl 3.200 USD (2021: ca. 22.000 USD) gekostet haben.

Das Buffet bog sich unter Austern Rockefeller, Hummern, frittiertem Hühnchen, Eier und Schinken, Lachs und Spanferkelbraten. Lacker fragte sich später, ob für Elvis etwas außerhalb des Buffets zubereitet worden war, denn außer dem Hühnchen stand nichts von all dem auf Elvis‘ persönlicher Speisekarte!

Die Presse war weder bei der Hochzeitszeremonie noch beim anschließenden Empfang zugelassen, aber es fand um 13 Uhr eine Pressekonferenz statt, um alle über die große Neuigkeit zu informieren. Während der Pressekonferenz rief ein Reporter: „Elvis – lächeln!“, und sein Vater Vernon witzelte: „In letzter Zeit lacht er nur selten! Wie kann man glücklich aussehen, wenn man Angst hat?“ Die Journalisten stellten Elvis ihre Fragen, die von Elvis und Priscilla „nett“ beantwortet wurden, bis der Colonel die Pressekonferenz jäh beendete.

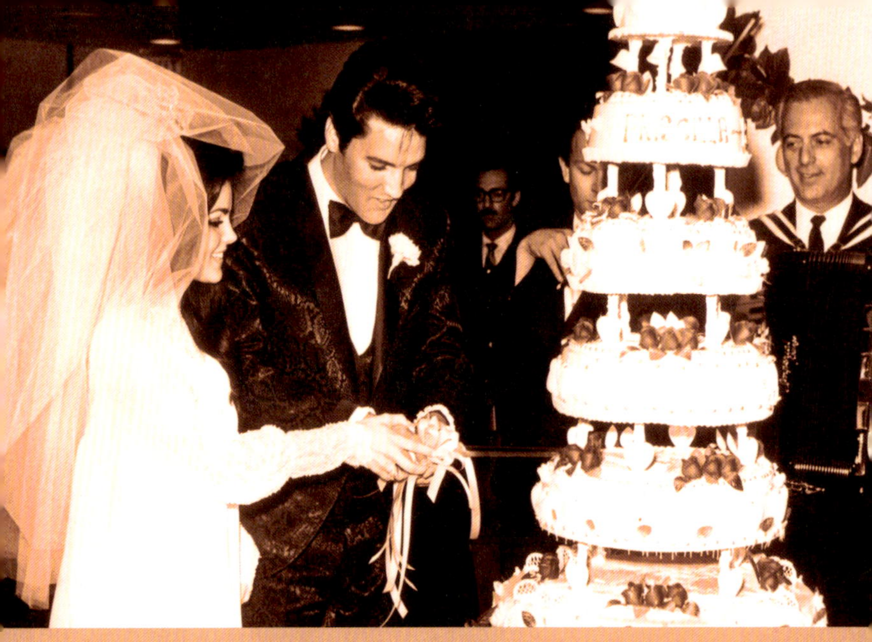

Hochzeit am 1. Mai 1967 im Alladin Hotel, Las Vegas

Am späteren Nachmittag flogen Elvis und Priscilla mit dem Learjet von Frank Sinatra zurück nach Palm Springs, zu einer kurzen Hochzeitsreise in das berühmte „Honeymoon Hideaway“, das man seit einigen Jahren besichtigen kann.

Nach einigen Tagen kehrten die Frischvermählten nach Memphis zurück und gaben für ihre Freunde und Angestellten eine große Party auf Graceland.

Von den Fans aus aller Welt strömten Massen von Glückwunschkarten und Geschenken nach Graceland: Es gab jedoch auch Briefe von Fans, die drohten, sich umzubringen oder zumindest ins Kloster zu gehen!

Ach, übrigens:
Das Hochzeitspaar, das 1967 viele Menschen in Verzückung versetzte, trennte sich am 23. Februar 1972, um dann letztendlich im Oktober 1973 geschieden zu werden.

Prinzessin ohne Reich?

Genau genommen stand Lisa Marie Presley schon weit vor ihrer Geburt im Rampenlicht der Öffentlichkeit. Bevor sie überhaupt einen Namen hatte. Elvis wird Vater – wer hätte das noch ein paar Jahre zuvor gedacht. Doch als sie am 1. Februar 1968 geboren wurde, kannte dieses kleine Mädchen bereits die ganze Welt.

„Eine Prinzessin für den König“, haben wohl viele gedacht und für Elvis war sie das ganz sicher. Lisa Marie hat ihren Vater vergöttert und er hat seine Tochter nach Strich und Faden verwöhnt. Als Elvis und Priscilla sich 1973 haben scheiden lassen, wurde Lisa Maries Lebensmittelpunkt zu ihrer Mutter nach Los Angeles verlegt und jeder kann sich lebhaft vorstellen, dass diese Situation dem fünfjährigen Mädchen das Herz brechen musste.

In den Ferien sah sie ihren Vater regelmäßig und so war es auch fast schicksalhaft, dass die Neunjährige am 16. August 1977 auf Graceland war, als Elvis starb.

Unglaubliche Szenen haben sich an diesem Tag dort abgespielt und Lisa Marie befand sich im „Auge des Sturms“! Unvorstellbar, dass jemand aus dieser Situation emotional unbeschadet herausfindet.

Als Teenager ging sie durch die Drogenhölle, wie viele andere „Promi“-Kinder auch, und fand durch Scientology, zu der ihre Mutter Priscilla sie brachte, wieder heraus.

Ihr weiteres Leben gestaltete sich insgesamt eher turbulent. Insgesamt vier Ehen, u. a. mit Michael Jackson und Nicolas Cage, brachten ihr kein persönliches Glück: Die vier Kinder jedoch, die aus diesen Verbindungen hervorgegangen sind, sind ihre Welt. Als ihr Sohn Benjamin Keogh 2020 Selbstmord beginn, brach für Lisa Marie verständlicherweise die Welt zusammen.

Für die Elvis-Welt nimmt Lisa Marie eine besondere Stellung ein und allein schon durch ihre frappierende Ähnlichkeit mit ihrem Vater, wird sie – egal wo und wann – mit Elvis in direkte Verbindung gebracht.

Doch was ist das wirkliche Erbe, das Elvis seiner einzigen Tochter hinterlassen hat? Abgesehen von materiellen Werten, wie Graceland mit allem Drum und Dran.

Zuerst steht da der einzigartige Nachname, den sie auch nach vier Ehen heute noch trägt. Dann sind es eine tolle tiefgründige Soulstimme und das Gefühl für Musik. Aber es sind auch der Hang zur Melancholie und das Suchtpotenzial, das sicher damit verbunden ist. In der Öffentlichkeit sieht sie selten glücklich aus, gibt sich eher scheu und geht der Presse aus dem Weg, wo sie nur kann.

1997, anlässlich des 20. Todestages ihres Vaters, nahm sie ihr erstes Duett mit Elvis auf: „Don't Cry Daddy" wurde in Memphis präsentiert und löste absolute Begeisterung aus, mit dem gierigen Wunsch nach mehr. Mittlerweile hat sie erfolgreich einige Duett-Songs mit Elvis nachgelegt, wobei wohl auch bei diesen Aufnahmen immer eine gewisse Melancholie mitschwang.

Lisa Marie hat im Musikgeschäft nie wirklich Fuß gefasst: Ihre ersten zwei CD-Veröffentlichungen standen offensichtlich unter der Prämisse, musikalisch unbedingt etwas anderes machen zu wollen als ihr Vater. Unbedingt anders klingen sollte es, was ihr auch gelang. Überzeugend waren diese Alben allerdings nicht und erst das dritte Album „Storm & Grace" von 2012 zeigte wirklich, was stimmlich und musikalisch in ihr steckt. Sie bewies Mut zur Melodie, Mut zum ausdrucksstarken Gesang mit substanziellen Texten.

Diesen Mut braucht man wohl auch, wenn man den Namen „Presley" trägt und ins Musikgeschäft einsteigen will. Doch dieser Mut hat sie wohl doch öfters verlassen, denn Lisa Marie stand in den letzten Jahren eher wegen ihrer familiären und gesundheitlichen Probleme (Kommt uns doch bekannt vor!) in den Schlagzeilen.

LMP, wie sie sich gerne nennt, erinnert sehr an Elvis, der durch den frühen Verlust seiner geliebten Mutter Gladys seinen inneren Halt verloren hat. Auch LMP scheint haltlos, zumindest nicht gefestigt. Geht es in den Medien um Elvis' Tod, zu dem sie sich äußern soll, sieht man ihr förmlich die Anstrengung an, Haltung zu bewahren und nicht einfach loszuweinen: so zum Beispiel, als sie zum ersten Mal mit Priscilla an der „Candlelight Vigil" bei der „Elvis Week" teilnahm und Tausende von brennenden Kerzen in den Händen der Fans vor Graceland sah, die ihren Vater feierten. Oder auch bei einem Interview anlässlich der Veröffentlichung „Presley by the Presleys", wo sie auf die Frage nach dem 16. August 1977 einfach antwortete: „Darüber kann ich nicht sprechen." Der Filmschnitt, der folgt, ist sowohl für Lisa Marie als auch für den Zuschauer eine Erlösung.

Elvis' Tochter zu sein, ist einerseits bestimmt eine wunderbare Sache, aber andererseits bestimmt auch ein Fluch. Welcher Aspekt überwiegt, liegt an der inneren Stärke und an den Menschen, die sie umgeben.

Für die Fans in aller Welt wird Lisa Marie Presley immer der „Missing Link", die unsichtbare Verbindung, zu Elvis sein.

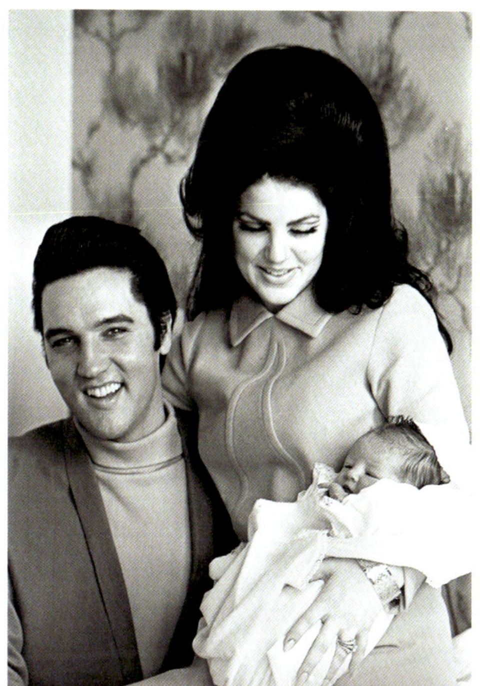

Eine Prinzessin für den King - Lisa Marie Presley, geboren am 1. Februar 1968

Befreiungsschlag, mal anders

Es gibt wohl nichts, was noch nicht über das legendäre TV-Special von 1968 geschrieben wurde. Dennoch wird ein Aspekt immer vernachlässigt: Elvis selbst!

Elvis hatte für diese Show gekämpft. Diese erste Show vor Publikum seit 1961 sollte so ablaufen, wie er es wollte und nicht wie sein Manager sich das dachte. Dieser hatte eine gediegene, geschmeidige, weihnachtsgeschwängerte Fernsehshow favorisiert. Aber Elvis hatte die Nase voll von „Tralala und Hopsasa". Er wollte allen zeigen, dass er noch immer der Star war, der er vor seiner hollywoodbedingten Bühnenpause war.

Und genau so trat er auch zu den Aufzeichnungen an, die im Juni 1968 in den NBC-Studios in Burbank stattfanden. Der Typ, der auf dem von unten beleuchteten Boden einer quadratischen Bühne stand, war provokativ. Provokativ, gefährlich und sehr cool. Und er hatte noch keinen Ton gesungen! Elvis hatte einen zweiteiligen schwarzen Lederanzug gewählt, der ihm von Bill Belew auf den Körper geschnitten worden war. Dieses schwarze Ziegenleder machte ihn stark und er zeigte allen – und sich selbst –, dass er wieder da war und dass er nicht vorhatte, diesen Platz jemals wieder zu räumen!

Nicht nur das damalige Publikum flippte aus, sondern auch retrospektiv (über 50 Jahre nach dem eigentlichen Ereignis!) wird Elvis' Erscheinung in diesem TV-Special frenetisch gefeiert. Modemagazine wie das Esquire beschreiben ihn wie „eine Zeichnung von Tom of Finland", der für seine homoerotischen Werke berühmt wurde, andere Stimmen vergleichen ihn mit einem Panther, der sich geschmeidig über die Bühne bewegt!

Leder als das Material der Wahl für coole und sexy Auftritte auf und abseits der Bühne war geboren.

Das ganze Gegenteil, aber nicht weniger symbolträchtig und mit Bedacht gewählt, war der weiße Zweireiher, den Elvis zum Abschlusssong „If I Can Dream“ trug. Elvis hatte schon früh die Aussagekraft von Garderobe verstanden. Vor allem weiße oder helle Bühnenoutfits garantierten den Künstlern unter den Scheinwerfen vollste Aufmerksamkeit. Da der Song „If I Can Dream“ für Elvis eine besondere Bedeutung hatte, wollte er dies natürlich auch durch seine Kleidung ausdrücken: Inspiriert durch das Attentat auf Bobby Kennedy und aus der Feder von Mac Davis strahlte Elvis eine solche intensive Emotionalität aus, dass man jede Textzeile mit ihm durchlebte.

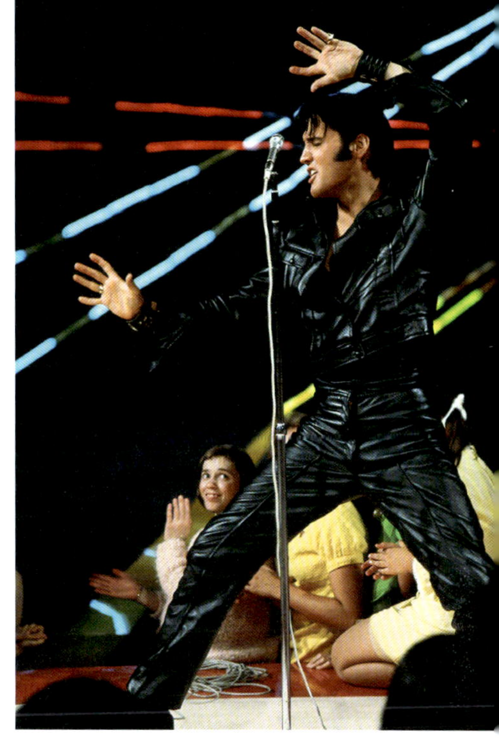

Elvis ist wieder da! Cool, sexy und gefährlich in schwarzem Leder, 1968

Weiß als Symbol für die Unschuld kann man im Zusammenhang mit Elvis eher vernachlässigen. Aber Weiß ist auch die Farbe für Frieden und Vollkommenheit und das passt ganz hervorragend: „If I Can Dream“.

Ach, übrigens:
Elvis hatte keinen Stilberater oder jemanden, der ihm seine Bühnengarderobe vorschlug. Elvis war sein eigener Stilberater, der genau wusste, was er wollte.

Viva Las Vegas

Wer denkt, dass die Spielermetropole Las Vegas schon immer auch eine erfolgreiche Showmetropole gewesen ist, bewegt sich leider auf dem Holzweg.

Las Vegas – zuerst nur eine Station auf dem Weg von Salt Lake City nach Los Angeles und dann eine Stadt, die durch den Bau des Hoover-Staudamms für viele junge Männer lange Zeit ein Zuhause war. Nach dem Start dieser Arbeiten 1931 gründete die Mafia zahlreiche Theater und Casinos, die für die jungen Arbeiter jede Menge Zerstreuung brachten. Und mit den „Amüsierschuppen" kamen auch das Glücksspiel und große Teile der Unterwelt in die Stadt in der Mojave-Wüste.

Die 1950er Jahren bereiteten der Stadt einen sagenhaften Goldregen, denn legendäre Stars wie das „Rat Pack" rund um Dean Martin, Frank Sinatra und Sammy Davis Jr. feierten ungeahnte Erfolge mit ihren Shows. Doch als diese – bis dato – erfolgreichste Zeit der Stadt zu Ende ging, übernahmen bald wieder die Ganoven und ihre Spezis das Kommando: Sie investierten gewaltig in Hotels und Casinos, die ihnen zur Geldwäsche dienten und gleichzeitig ihr Vermögen vermehrten. Das mafiöse Image verblasste zwar etwas mit dem Auftritt von Howard Hughes, der in den 1960er Jahren viele Casinos aufkaufte, blieb aber doch stark genug, um keine damals aktuellen Stars auf die Bühnen der Stadt zu bringen.

Elvis hatte 1956 seine ersten Erfahrungen in Las Vegas gemacht und seinen (wahrscheinlich) einzigen Flop erlebt: Als er im Hotel New Frontier auftrat, war das gesetzte Publikum nicht auf das gefasst, was ihnen der „Memphis-Flash" zu bieten hatte, und ließ ihn an der „kalten Schulter" abtropfen. Elvis wollte nie mehr einen Fuß in diese Stadt setzen! Dass sein Name und Las Vegas einmal fast zu einem Synonym werden sollten, lag außerhalb seiner Vorstellungskraft.

Trotz seines unsäglichen Engagements im New Frontier bot ihm die Stadt doch viele Vorteile und so nutzte er Las Vegas einige Jahre später als Ort für Entspannung und Zerstreuung zwischen den Dreharbeiten in Hollywood. Die Stadt war auch die Kulisse für „Viva Las Vegas“ (1963) mit Ann-Margret, der mit zu seinen erfolgreichsten Spielfilmen zählt.

Las Vegas war auch der Ort, an dem er am 1. Mai 1967 Priscilla Beaulieu heiratete.

Doch das, was das Spielerparadies heute ist, wurde 1969 grundgelegt. Um genau zu sein, am 31. Juli 1969, als Elvis sich nach langer Abstinenz wieder seinem Livepublikum zeigte. Im neuen International Hotel, das damals mit maximal 2.200 Plätzen den größten Showroom der Stadt hatte, ging es für Elvis um alles oder nichts: Gerade vor einem Jahr hatte er im Fernsehen sein fulminantes Comeback gefeiert und sollte nun beweisen, dass dies kein Zufallserfolg gewesen war!

Und das sollte ihm absolut gelingen, denn schon nach den ersten Takten des Klassikers „Blue Suede Shoes“ stand das Publikum Kopf und seine Premiere wurde zum Triumph! Zwei Wochen vor dem legendären Woodstock-Festival kam Elvis nach Las Vegas und erfand nicht nur sich selbst neu, sondern auch gleich die ganze Stadt, denn aus der kuschelig-intimen Atmosphäre der klassischen „Rat Pack“-Konzerte machte er ein Showspektakel sondergleichen. Er feierte einen Triumph in der Stadt, die von der Rockgeneration der 1960er Jahre nur mit gerümpfter Nase betrachtet worden war. Aber das hatte nun ein Ende!

Diese Shows inszenierten Las Vegas zukünftig als Ort, an dem sich nicht nur Glücksspieler wohlfühlten, sondern gleich ganze Familien und musikbegeisterte Menschen. „Da stand dieser frustrierte Musiker, der keine Kontrolle über seine Musik gehabt hatte – weder im Aufnahmestudio noch in seinen Filmen. Und nun befriedigte er auf dieser Bühne alle seine musikalischen Bedürfnisse auf einmal“, erinnerte sich sein Freund Jerry Schilling in seinem Buch „Me and a Guy Namend Elvis“.

Elvis – Sold Out! Das Marquee vor dem International Hotel, Las Vegas

Anlässlich dieser „Wiederauferstehung“ des Livekünstlers Elvis hatte er eine völlig neue Band zusammengestellt, deren Mitglieder mittlerweile selbst zu Stars avanciert sind: die TCB-Band, die in Verbindung mit einem 40-köpfigen Orchester und einer weiblichen und einer männlichen Background-Gruppe zusammen mit Elvis seinen fulminanten „Las-Vegas-Sound“ kreierte, der vielen seiner Songs eine zusätzliche Ausdruckskraft verlieh.

Selbst die Kritiker, die in den vorangegangenen Jahren kein gutes Haar an Elvis gelassen hatten, überschlugen sich vor Lob. Der Rolling Stone bezeichnete Elvis als „übernatürlich“ und Richard Goldstein von der New York Times schrieb, dass „es sich anfühlte, als wenn man den Kopf in einen Eimer mit geschmolzenem Eis“ gesteckt hätte und „Elvis so zeitlos und unerschütterlich erschien“.

Elvis spielte vier Wochen lang, sieben Tage die Woche, zweimal am Tag und jedes Mal vor ausverkauftem Saal. Hier wurde aus Elvis „The King“!

Von nun an veränderte sich Las Vegas Stück für Stück und wurde zu dem Show-Mekka, das wir heute kennen: das Las Vegas, das den Größen des Showbusiness ihre ganz persönliche Krone aufsetzt.

Ach, übrigens:
Die Elvis-Shows sollen 1969 wohl die ersten Shows in ganz Las Vegas gewesen sein, an denen die Veranstalter auch etwas verdient haben!

Live on Stage

Immer wieder liest man in den Medien, dass die 1970er Jahre Elvis' „Vegas-Jahre" waren. Ja klar, Elvis ist von 1969 bis 1976 in jedem Jahr in Las Vegas aufgetreten, aber eben nicht nur in Las Vegas. Viele Nicht-Elvis-Fans (die gibt es tatsächlich!) glauben, dass Elvis die ganze Zeit in Las Vegas aufgetreten ist, wenn nicht auf der Bühne singend, dann faul vor dem Fernseher und dicke Cheeseburger essend auf den nächsten Auftritt wartend.

Falsch.

Um das Bild aber rund zu machen und diese Vorstellungen einmal geradezurücken, sollte man einen Blick auf die Fakten werfen:

Von seiner ersten bis zu seiner letzten Show trat er geschätzt 1.684-mal auf. Leider ist eine lückenlose Dokumentation aufgrund der Vielzahl an Auftritten zu Beginn seiner Karriere unmöglich. Von diesen Konzerten fanden 767 in Las Vegas oder an einem anderen Ort im Bundesstaat Nevada statt. Das bedeutet, dass Elvis 917-mal außerhalb der Glitzerstadt auftrat.

Zum ersten Mal trat Elvis in Memphis auf und er gab sein letztes Konzert 1977 in Indianapolis. Insgesamt besuchte Elvis 243 Orte in den USA und Kanada mit seiner Show. Manche Städte gleich mehrmals, so wie Houston, Texas: 16-mal war er in seinem Leben dort und spielte 31 Shows. Die meisten Auftritte absolvierte Elvis jedoch in Shreveport, Louisiana. Es waren 46 Auftritte, von denen 44 im Rahmen der Louisiana Hayride stattfanden. Jedoch waren 93 Auftritte „One-Night-Stands".

Das längste Engagement in einer Stadt fand im August/September 1972 in Las Vegas statt: 63 ausverkaufte aufeinanderfolgende Shows im Las Vegas Hilton sind schon eine Ansage!

Elvis spielte in 41 der 50 Staaten der USA (und in Kanada), wobei er am meisten auf den Bühnen des „Lone Star State“ Texas zu sehen war. Dagegen kann man sagen, dass der Bundesstaat New York – bis auf einen Ausflug nach Buffalo – in den 1950er Jahren gänzlich ignoriert wurde.

Apropos 1950er Jahre: 1955 trat er 295-mal in 117 Städten auf. 1956 waren es dann 187 Shows in 77 Ortschaften.

Das muss man sich einmal auf der Zunge zergehen lassen!

Aber stopp! So gewaltig diese Zahlen auch wirken, so gewaltig war auch der Preis, den Elvis für den Kontakt zum Publikum zahlen musste: Seine Medikamentenabhängigkeit wurde gerade durch das unstete Leben auf den Tourneen befeuert und selbst, als es ihm 1976 nicht mehr gut ging, fanden 122 Konzerte in 74 Städten statt. Dieses teuflische Tempo hielt auch 1977 an, wobei er im ersten Halbjahr 54 Shows in 49 Städten meisterte.

Das kann kein Mensch durchhalten und so trug sein unbändiges Verlangen, viele Menschen im ganzen Land mit seiner Stimme und seiner Musik glücklich zu machen, sicherlich zu seinem frühen Tod bei.

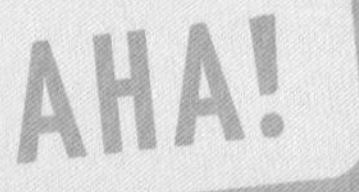

Undercover

Was doch ein Familienstreit so alles auslösen kann!

Eben hatten sein Vater Vernon Presley und seine damalige Ehefrau Priscilla sich bei Elvis darüber beschwert, dass dieser rd. 100.000 USD für Weihnachtsgeschenke ausgegeben hatte, und prompt hatte er wutschnaubend das Haus verlassen und war zum Flughafen in Memphis gefahren. Er gab niemandem Bescheid, wo er sich aufhielt. Er war schlicht und ergreifend abgetaucht! Der berühmteste und bekannteste Mensch seiner Zeit war scheinbar wie vom Erdboden verschluckt.

Nach einigen Irrungen und Wirrungen meldete sich Elvis zwei Tage später während des Umsteigens in Dallas, Texas, bei seinem Freund Jerry Schilling, der zu dieser Zeit in Los Angeles arbeitete und lebte. Nachts um 3 Uhr wartete Schilling auf Elvis am dortigen Airport und hörte sich bald darauf die Geschichte an, die Elvis zu ihm gebracht hatte. Gleichzeitig überredete Elvis Jerry zu einem Trip nach Washington, D.C., ohne ihm jedoch den Grund dafür zu nennen. Nur unter der Bedingung, auf Graceland Bescheid zu geben, sagte Jerry zu und bestellte zur Sicherheit auch Delbert „Sonny“ West in die Hauptstadt der USA.

Während des Fluges mit der American-Airlines-Maschine nach D.C. schrieb Elvis einen Brief an Präsident Nixon – einfach auf dem Briefpapier der Fluglinie –, in dem er ihn um ein persönliches Treffen bat, sodass sie über die problematische Situation der Jugend in den USA diskutieren und seine Unterstützungsmöglichkeiten besprechen könnten.

Ein spontanes Treffen mit dem Präsidenten der Vereinigten Staaten von Amerika! Nicht schlecht für einen Jungen aus Tupelo, Mississippi.

Und Elvis wäre nicht Elvis gewesen, wenn er nicht auch an einen kleinen Bonus für sich selbst gedacht hätte: Er wollte unbedingt das Polizeiabzeichen aller Polizeiabzeichen für seine

Sammlung und für sich selbst. Sonderagent der Drogenbekämpfung des Justizministeriums wollte er werden und um genau dieses Abzeichen wollte er Nixon bitten.

Brief an Präsident Nixon, geschrieben auf Briefpapier der American Airlines auf dem Flug nach Washington, D.C., 1970

AmericanAirlines

In Flight...

Altitude; (1)

Location;

Dear Mr. President.
First I would like to introduce myself.
I am Elvis Presley and admire you
and Have Great Respect for your
ffice. I talked to Vice President
gnew in Palm Springs 3 weeks ago and
xpressed my concern for our Country.
he Drug Culture, the Hippie Elements,
he SDS, Black Panther, etc do not
nsider me as their enemy or as they

Nach der Ankunft in Washington, D.C., fuhren die Freunde kurz am Weißen Haus vorbei, um den Brief an Präsident Nixon persönlich abzugeben. Postbote Elvis hinterließ bei den sprachlosen Wachen am Nordwest-Tor auch den gewünschten Eindruck.

Der Brief ging durch viele Hände, bis er durch Egil „Bud“ Krogh bei Stabschef Haldeman landete und dieser letztendlich einem Treffen zustimmte: Am Mittag des 21. Dezember 1970 gegen 12:30 Uhr war es so weit und Nixon empfing Elvis im berühmten Oval Office.

Man tauschte sich aus, bewunderte und beschenkte sich gegenseitig: Elvis hatte einen Colt.45 aus dem Zweiten Weltkrieg aus seinem eigenen Besitz als Gastgeschenk ausgewählt, während Nixon Elvis aus einer Vielzahl an Geschenken (mit dem Emblem des Weißen Hauses) wählen ließ, die er in einer Schublade seines Schreibtisches aufbewahrte.

Doch Elvis wollte das Oval Office nicht ohne das begehrte Abzeichen verlassen und fragte den Präsidenten tatsächlich danach, der die Frage an Krogh weitergab, der sofort veranlasste, dass man Elvis seinen Wunsch erfüllte!

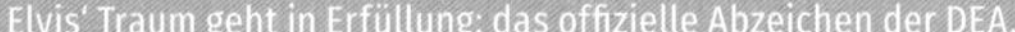

Elvis' Traum geht in Erfüllung: das offizielle Abzeichen der DEA.

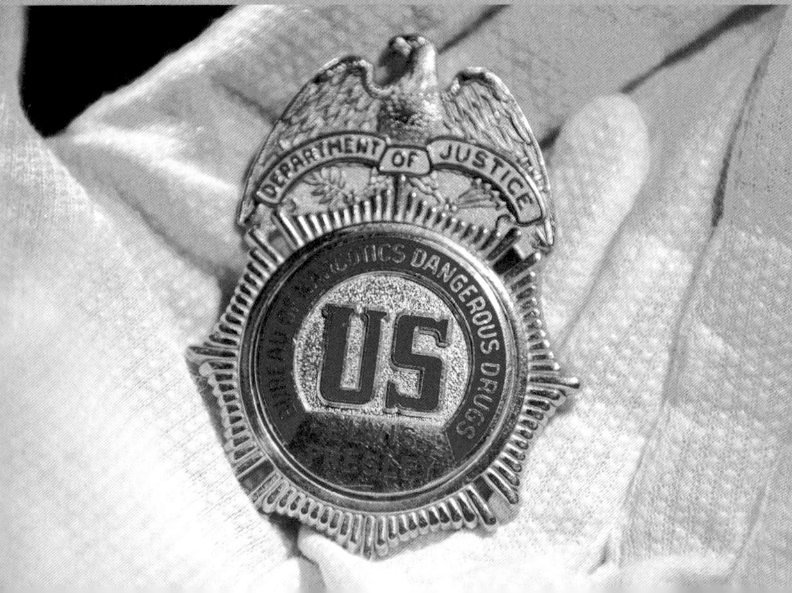

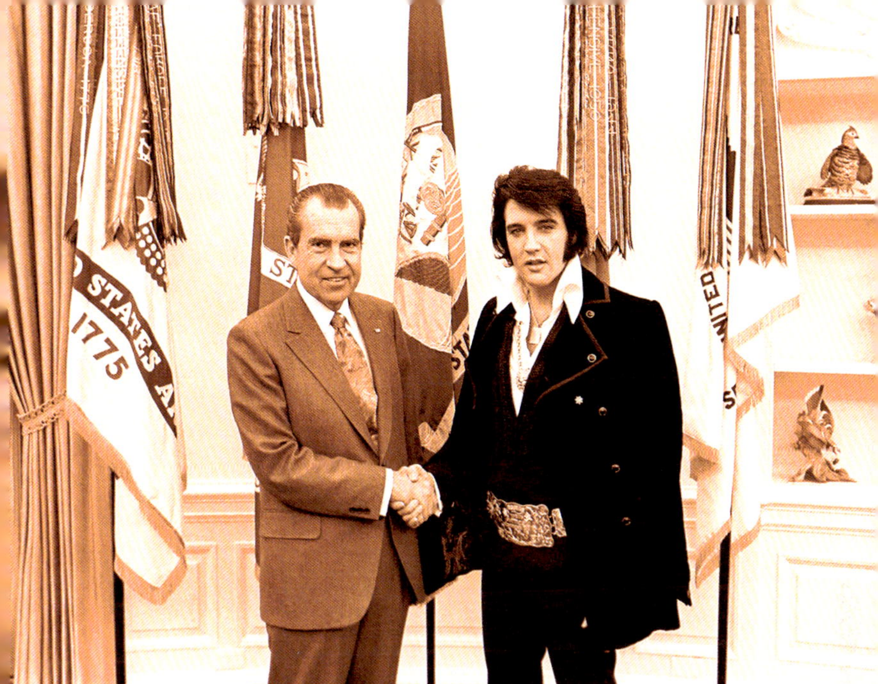

Präsident Nixon und Elvis im Oval Office, 1970

Zur Frage, ob es sich um ein Ehrenabzeichen handelt oder ob es eine „echte“ Marke ist, gibt es unterschiedliche Auskünfte: Vielleicht bekam Elvis aber damals tatsächlich ein echtes Abzeichen und erst sehr viel später wurde klar, dass dies aus der offiziellen Sicht nicht so ganz legitim war. So verbreitete man hier und da die Meldung, dass es sich nur um ein Ehrenabzeichen gehandelt habe.

Ach, übrigens:
Interessant ist, dass erst im Januar 1972 dieses Treffen durch einen Artikel in der Washington Post publik wurde. Die Fotos, die bei diesem Meeting geschossen wurden, sind bis heute die beliebtesten, die das Nationalarchiv der USA zu bieten hat!

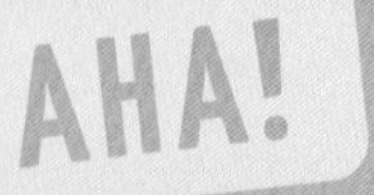

Elvis: What Happened?

1977 erschien nicht das beste Buch über Elvis Presley, aber sicher eines, das Geschichte schrieb. Mit dem bedeutungsschwangeren Titel „Elvis: What Happened?" („Elvis: Was ist geschehen?") wandten sich Red und Sonny West (Freunde von Elvis aus Highschool-Zeiten) zusammen mit Dave Hebler (Bodyguard) an die Öffentlichkeit. Steve Dunleavy, der als Kolumnist für die New York Post tätig war, war der Journalist, der die Erinnerungen und Aussagen der drei Ex-Memphis-Mafiosi zu einem Buch verarbeitete.

Abgesehen davon, dass die Autoren immer wieder beteuerten, dass dieses Buch nur zum Sinneswandel ihres ehemaligen Boss führen sollte, schien es doch – zumindest punktuell – eher offensichtlich, dass es eigentlich um einen Rachefeldzug gegen den King ging, der sie knapp ein Jahr zuvor durch seinen Vater Vernon entlassen hatte.

Als das Buch am 1. August 1977 auf den Markt kam, hatte es schon im Vorhinein eine unglaubliche Aufmerksamkeit bekommen: Die drei Autoren hatten der neugierigen Presse bereits einige Details ihres Buches mitgeteilt, sodass es nicht verwunderlich war, dass kurz nach Elvis' Tod (zwei Wochen später) die Verkaufszahlen in die Höhe schnellten und die Marke von 1 Million Exemplaren überschritten.

„Elvis: What Happened?" wies einige formale Schwächen auf, die nicht zur Glaubwürdigkeit des Buches beitrugen: viele Datenfehler, kein Beleg der vorgebrachten Behauptungen durch Dritte, viele Aussagen, die zu sehr nach Rache klangen. Die Erzählweise ließ auch zu wünschen übrig und machte die Nachvollziehbarkeit von vielen Ereignissen zeitlich fast unmöglich. Durch viele „Wenn ich mich richtig erinnere" und „Wie ich mich erinnere" wurde eine gewisse Unsicherheit der Autoren vermittelt. Das machte auch ihre Zustimmung zu einem Lügendetektortest nicht besser!

Aber „Elvis: What Happened?" war das erste Buch über Elvis, das sich auch mit seinen düsteren Seiten beschäftigte. Die Wests und Hebler erschütterten mit ihrem Werk das perfekte Bild, das viele Fans von ihrem Idol hatten. Ein Bild von einem Wesen, das eher übernatürlich schien, aber nicht menschlich.

Fakt ist, dass dieses Buch unter heutigen Gesichtspunkten nichts beinhaltet, was den social-media geplagten Geist „hinter dem Ofen" vorlocken würde. Zur damaligen Zeit jedoch war es schier nicht zu glauben, dass Elvis medikamentenabhängig war und dass er sich oftmals nicht engelsgleich verhielt. Wo es heute schon fast zum „guten Ton" gehört, mindestens einmal im Promi-Leben in einer Suchtklinik gewesen zu sein und alles zu versuchen, um seine Fehltritte nicht eine Stunde später als Video im Internet wiederzufinden, war es damals einfach nur schockierend zu hören, dass „das Nationalheiligtum" Elvis dunkle Punkte in seinem Privatleben hatte.

Dieses gedruckte Erdbeben war so massiv, dass die Verursacher nicht nur bis in die 2000er Jahre hinein von den Elvis-Fans in aller Welt geächtet, sondern auch für Elvis' viel zu frühen Tod verantwortlich gemacht wurden.

Allerdings war es nicht durchgängig ein Buch, das gegen Elvis gerichtet war, blitzte doch in den Erinnerungen von West & Co. immer wieder das tiefe Gefühl auf, das die Autoren mit Elvis verband, auch wenn es sich oft in Verbitterung zeigte.

In diesem Buch wird der Leserschaft klar gemacht, dass auch die unzähligen Fans ihren Anteil daran hatten, dass „King Elvis" nie wirklich erwachsen wurde, und seine Gefühlswelt sehr von Extremem besetzt war: „Er war nie ein Mensch, der einfach nur etwas mochte, er liebte es und er war niemand, der etwas nur einfach nicht mochte, sondern er hasste es … Presley war nicht reif genug, diese Extreme zu vermeiden …!", so die Autoren.

Die Öffentlichkeit war bis ins Mark getroffen, als sie Heblers Statement lasen, dass „Elvis langsamen Selbstmord begeht und auf den Tod zugeht".

Sicherlich hätte man damals diese Behauptungen als lächerlich zurückgewiesen, wäre Elvis nicht am 16. August 1977 gestorben.

Es ist nicht bekannt, ob und wie viel Elvis von „Elvis: What Happened?“ gelesen hat. Fest steht allerdings, dass er der Veröffentlichung mit einem Gemisch aus Wut und Scham entgegengesehen hat: Seine Versuche, Red West davon zu überzeugen, das Buch nicht zu schreiben, waren fehlgeschlagen.

In Deutschland kam das Buch unter dem Titel „Elvis – wie er wirklich war“ in die Buchläden, woraufhin die mediale Schlammschlacht losbrach: In den folgenden Jahren sollte Elvis vor allem auf seine Medikamentenabhängigkeit reduziert werden.

Ach, übrigens:
Nach diesem Buch waren die Autoren auch bei den Mitgliedern der Memphis-Mafia „unten durch“. Erst im neuen Jahrtausend sollte es eine Aussöhnung zwischen den Mafiosi geben. Sonny West schrieb 2007 ein zweites Buch „Elvis – Still Taking Care of Business“, das ein eher versöhnliches Bild seines ehemaligen Chefs zeichnet.

Elvis in seinen eigenen Worten

Einige Menschen tippen mit ihren Füßen, einige schnipsen mit ihren Fingern und einige wiegen sich vor und zurück. Ich mache wohl alles zusammen!
1956

Ich bin kein Heiliger, aber ich habe immer versucht, nichts zu tun, was meine Familie verletzen oder Gott beleidigen würde … Ich glaube, dass Hoffnung und das Gefühl, zu jedem zu gehören, alles ist, was ein Kind braucht. Wenn ich etwas tun oder sagen kann, was einem Kind dieses Gefühl gibt, glaube ich, etwas auf dieser Welt beizutragen.
In einem Zeitungsinterview, 1950er Jahre

Kritisiere nicht, was Du nicht verstehst, mein Freund. Du bist nie in den Schuhen dieses Menschen gegangen.
Elvis nutzte oft diese Anleihe an ein berühmtes Zitat.

Als ich ein Kind war, meine Damen und Herren, war ich ein Träumer. Ich las Comics und war der Held des Comics. Ich sah Filme und war der Filmheld. So erfüllte sich jeder Traum, den ich jemals geträumt hatte, hunderte Male … Ich habe sehr früh im Leben gelernt, „dass der Tag ohne ein Lied nicht zu Ende geht; dass ohne ein Lied ein Mensch keinen Freund hat; dass die Straße keine Biegung macht – ohne ein Lied. So bleibe ich dabei, ein Lied zu singen." Einen schönen Abend und Danke schön.
Bei der Ehrung zum „Ten Outstanding Young Men of the Nation", 16.01.1971 (mit einem Zitat aus dem Jazzklassiker „Without A Song", 1929)

Wir machen zwei Shows am Abend für fünf Wochen. Fast immer gehen wir danach hoch und singen bis zum Tagesanbruch Gospelsongs. Wir sind damit aufgewachsen … irgendwie entspannt es unseren Geist. Zumindest meinen.
„Elvis On Tour", MGM, 1972

Ich habe das Lampenfieber nie überwunden. Ich habe es vor jeder Show … Ich erinnere alle, dass dies ein neues Publikum ist und dass sie uns noch nie vorher gesehen haben. Es muss also auch für uns wie das erste Mal sein.
„Elvis On Tour", MGM, 1972

Mann, ich war zahm im Vergleich zu dem, was sie heute machen … Ich habe nichts weiter gemacht, als rumgewackelt.
Pressekonferenz vor seinen Konzerten im Madison Square Garden, New York City, 1972

… das Image ist das eine und der Mensch ist etwas anderes. Es ist sehr schwierig, seinem Image gerecht zu werden.
Pressekonferenz vor seinen Konzerten im Madison Square Garden, New York City, 1972

Möge Gott Euch segnen, bis wir uns wiedersehen. Adios.
1977, am Ende seines letzten Konzertes

Zitate, die nicht zeitlich zuzuordnen sind:

Wenn die Dinge schlecht laufen, laufe nicht mit!

Tiere hassen nicht und wir werden für besser als sie gehalten.

Die Wahrheit ist wie die Sonne. Du kannst sie für eine Weile ausschließen, aber sie verschwindet nicht.

Traurig, dass man jemanden immer noch lieben kann und gleichzeitig nicht gut für diesen Menschen ist.

Tu etwas Erinnerungswürdiges.

Werte sind wie Fingerabdrücke. Keine sind gleich, aber du hinterlässt sie, was immer du tust.

Ehrgeiz ist ein Traum mit einem V8-Motor.

Die Leute schauen nicht zu dir auf, weil Du viel hast, sondern weil du du bist.

Die Leute denken, dass du verrückt bist, wenn du über etwas sprichst, das sie nicht verstehen.

Ich bin so weit gekommen und weiß nicht mehr, wie ich zurückkomme.

Ich habe keine Ahnung von Musik. In meinem Geschäft braucht man das nicht!

Ich glaube an die Bibel. Ich glaube, dass alle guten Dinge von Gott kommen. Ich glaube nicht, dass ich so singen würde, wenn Gott das nicht gewollt hätte.

Ich habe eine Ausbildung als Elektriker gemacht. Ich nehme an, ich wurde irgendwo falsch verkabelt.

Das Geld wird erst durch Teilen wertvoll.

King of The Whole Wide World

„Aloha From Hawaii" – nicht nur für Elvis-Fans ein Begriff.

Elvis' Manager Tom Parker hatte diese geniale Idee, als er im Februar 1972 den Staatsbesuch Nixons in China am Bildschirm verfolgte bzw. erfuhr, dass es anlässlich dieses außergewöhnlichen Besuches eine Livesendung über Satellit geben sollte. So konnten mit einem Schlag abermillionen Zuschauer das Ereignis verfolgen.

Der Colonel wäre nicht der Colonel gewesen, hätte er nicht sofort damit begonnen, seine ambitionierte Idee in die Tat umzusetzen, und so folgte die Ankündigung für das Konzert, das in Honolulu, Hawaii, über die Bühne gehen sollte, bereits am 4. September 1972. Nach zwei Konzerten am 18. und 19. November 1972 in Honolulu gab Elvis selbst eine Pressekonferenz, in der er der Öffentlichkeit zeigte, dass das „Aloha From Hawaii"-Event auch für ihn etwas ganz Besonderes war, und er den endgültigen Termin, den 14. Januar 1973, bekannt gab.

Mit diesem Mega-Event ist stets die exorbitante Einschaltquote von 1 Milliarde Zuschauern verbunden, die den King weltweit live gesehen haben sollen. Die damaligen Medien gaben – sicherlich perfekt durch Colonel Parker gesteuert – diese unglaubliche Zuschauerzahl bekannt. Ungeachtet aktueller technischer Möglichkeiten und belegbarer Verträge mit den Übertragungsländern und TV-Stationen machte sich diese Zahl „selbstständig" und wurde bis weit in die 2000er Jahre hinein unreflektiert übernommen.

Mittlerweile gehört die 1 Milliarde in das Reich der Fabel, denn durch die Recherchen vieler Experten in den unterschiedlichsten Ländern der Welt sehen die Fakten doch anders – wenn auch nicht weniger beeindruckend – aus: Zum ersten Mal wurde ein Konzert eines Solokünstlers über Satellit in 21 Ländern gleichzeitig live gesendet. In den Philippinen sahen 90 % aller Fernsehzuschauer die Show, in Hongkong 70 % und in Südkorea ebenfalls ca. 80 %, in Japan saßen rd. 38 % aller Zuschauer vor dem Fernsehen.

Die TV-Version der Show, die in den USA am 4. April 1973 lief, sahen mit einer Quote von 51 % mehr Menschen als die Mondlandung.

In Deutschland zeigte die ARD Elvis' triumphales Konzert am 12. März 1973 zur Primetime.

Summa summarum haben 1973 tatsächlich ca. 1 Milliarde Menschen die Show „Aloha From Hawaii" gesehen, aber nicht alle live, sondern als Aufzeichnung und im Laufe der ersten drei Monate des Jahres 1973.

Kniefall vor dem Publikum bei der „Aloha From Hawaii"-Show, 1973

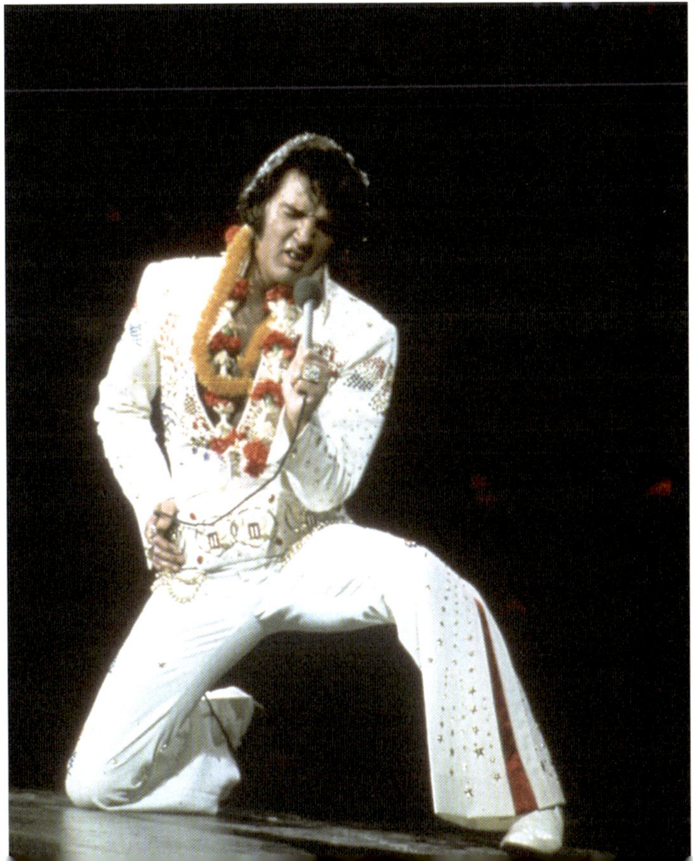

Die Siebziger: Fette Jahre?

Fragen Sie mal in Ihrem Bekanntenkreis herum, welches Adjektiv den Menschen zu Elvis in den 1970er Jahren einfällt und Sie werden garantiert sehr oft das unschöne Wort „fett" hören.

Dank der einseitigen Berichterstattung der Presse ist es tatsächlich so, dass sich das Bild des „fetten Elvis" im kollektiven Gedächtnis festgesetzt hat, aber mit dieser Fehldarstellung muss einmal aufgeräumt werden!

Fakt ist, dass Elvis zeit seines Lebens Gewichtsprobleme hatte. Zeitweise glich die Anpassung seines Körpergewichts einer Achterbahnfahrt, denn auch in den 1960er Jahren fiel es Elvis nicht immer leicht, sein Idealgewicht zu halten.

Vergessen darf man dabei auch nicht, dass auch der Elvis der 1950er Jahre nie wirklich „schlank und rank" war: Während er als Jugendlicher eher einen hageren Eindruck machte, konnte man zu Beginn seines kometenhaften Aufstieges beobachten, dass er doch das eine oder andere Pfund mehr auf die Waage brachte. Mit seinem Militärdienst und den damit sicherlich verbundenen physischen Anstrengungen veränderte sich Elvis und kam als sportlich-schlanker Mann zurück in die USA.

Durch die Spielfilme, die Elvis während der 1960er Jahre gedreht hat, ist die ständige Veränderung seines Äußeren bestens dokumentiert!

Aber zurück zu den 1970ern. Gerade 1970 war er so schlank wie nie zuvor! Die Filmdokumentation „That's the Way It Is" (1970) ist der beste Beweis: Zum ersten Mal ist er hier in weißen Jumpsuits zu sehen, die seine Kritiker zu begeisterten Äußerungen hinrissen.

Dennoch sollten auch die nächsten Jahre in punkto Gewicht eine Berg- und Talfahrt werden. War er im Januar 1973 bei seiner triumphalen „Aloha From Hawaii"-Show äußerlich in Bestform, konnte man im darauffolgenden Mai in Lake Tahoe bereits wieder einige Pfunde mehr an ihm sehen.

In den letzten drei Jahren seines Lebens nahmen seine gesundheitlichen Probleme derart zu, dass auch sein Körpergewicht nicht mehr so steuerbar war.

Als er am 16. August 1977 starb, hatte er immenses Übergewicht und war ein sehr kranker Mann. Allerdings sollte er nicht auf diese Phase seines Lebens reduziert werden, oder?

Schlank und rank, 1970

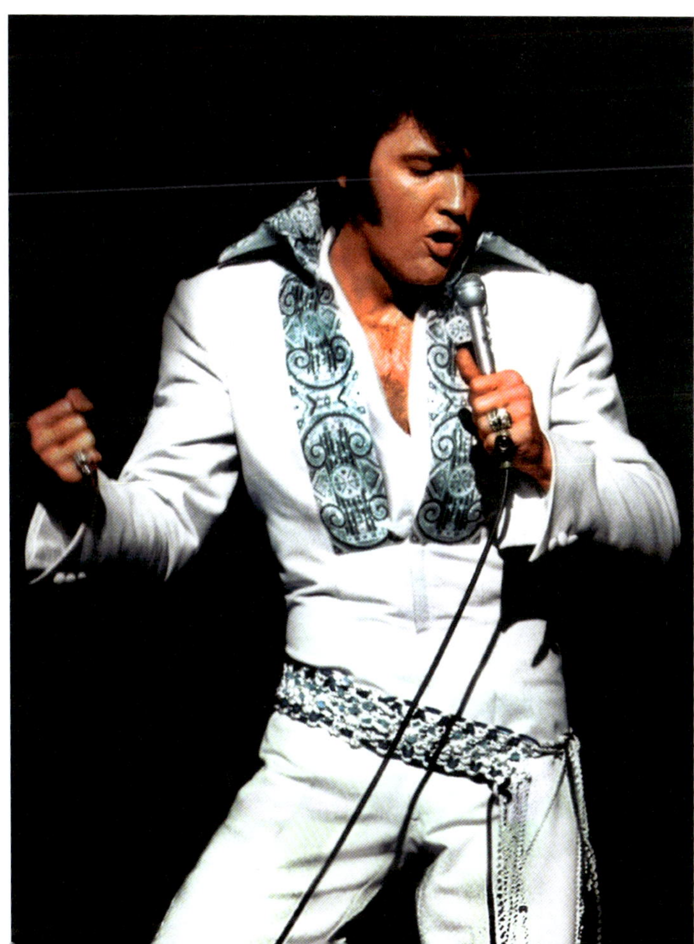

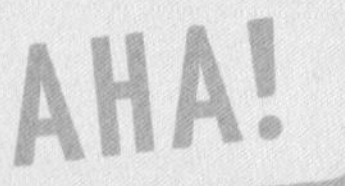

Der Boss und der King

Viele Berühmtheiten waren und sind von Elvis Presley beeinflusst worden, aber keiner ist ein so leidenschaftlicher Fan wie der „Boss“ Bruce Springsteen.

Der zukünftige Rockstar sah Elvis zum ersten Mal 1957 in der „Ed Sullivan Show“ im Fernsehen. Er selbst sagte, dass „er sich niemanden vorstellen könne, der nicht Elvis Presley sein wollte“. Dennoch stand die Gitarre, die er noch nicht spielen konnte, weil seine Hände zu klein waren, lange in der Ecke. Außerdem hatte er keine Lust auf Unterricht und widmete sich erst einmal dem Sport. Dass sich das bald ändern sollte, muss hier niemandem erklärt werden.

Einige Jahre später: Die berühmten „Music Gates“ vor Graceland waren schon immer Treffpunkt der Fans. Manchmal mit dem Traum verbunden, Elvis sehen zu können oder sich mit den Torwächtern zu unterhalten, von denen die meisten mit Elvis verwandt waren, oder sich einfach nur mit anderen Fans aus aller Welt auszutauschen. Manchen Fans reichte das aber nicht und sie versuchten, auf eigene Faust ins Haus oder zumindest auf das Gelände zu kommen.

Der berühmteste Eindringling war jedoch Bruce Springsteen, der die Story bei einem Live-Auftritt 1985 auf der Bühne erzählte, kurz bevor er seine Version des Elvis-Songs „Follow That Dream“ sang:

„[1976, auf der „Born to Run“-Tour] ... Mitten in der Nacht fuhren wir dorthin und ich erinnere mich, wir stiegen aus dem Taxi und standen vor diesem Tor, mit den großen Gitarrenspielern darauf. Wir schauten die Auffahrt hinauf und im ersten Stock des Hauses konnte man ein Licht sehen und ich dachte, dass Elvis wohl etwas las oder so. Und ich sagte zu Steve: ‚Mann, ich muss das wissen.‘ Ich sprang über die Mauer und rannte die Auffahrt hinauf, was – wenn ich so zurückdenke – ziemlich dumm war, denn ich hasse es auch, wenn Leute das heute bei mir machen. Na ja, damals war ich voll mit jugendlichem Enthusiasmus und ich rannte die Auffahrt hoch und gelangte zur Eingangstür. Kurz bevor ich klopfen konnte, kamen die Wachen aus dem Gebüsch und fragten mich freundlich, was ich wollte. Ich fragte: ‚Ist Elvis zu Hause?', und sie antworteten: ‚Nein, Elvis ist nicht da, er ist in Lake Tahoe.' Daraufhin habe ich ihnen erzählt, dass ich Gitarrist sei und meine eigene Band hätte, ich ein paar Platten gemacht hätte, und ich erzählte ihnen sogar, dass mein Foto auf dem Cover von Time und Newsweek war. Ich habe alle Register gezogen, um Eindruck auf sie zu machen. Ich glaube nicht, dass sie mir geglaubt haben, denn sie standen nur da und nickten. Schließlich packten sie mich am Arm und brachten mich wieder auf die Straße zu Steve. Später habe ich mich gefragt, was ich wohl gesagt hätte, wenn ich geklopft und Elvis die Tür aufgemacht hätte ..."

Ach, übrigens:
Bruce Springsteen hat in vielen seiner Konzerte einen oder mehrere Elvis-Songs gesungen. Bekannt sind insgesamt 15 Songs, wie z. B. „Can't Help Falling in Love" und „Suspicious Minds".

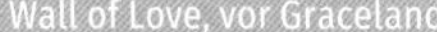

Wall of Love, vor Graceland

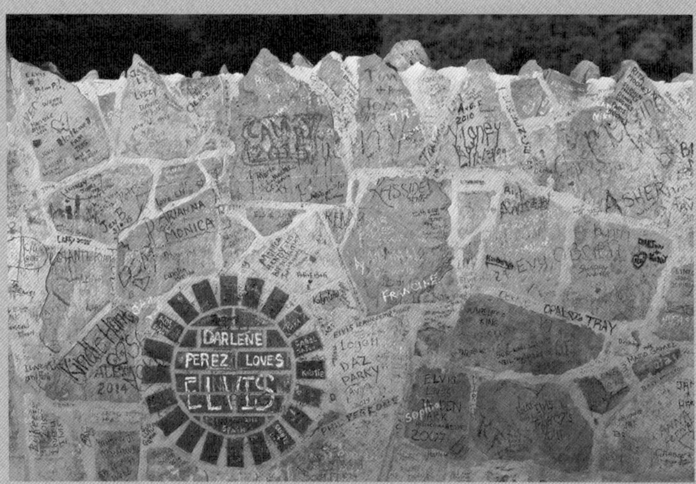

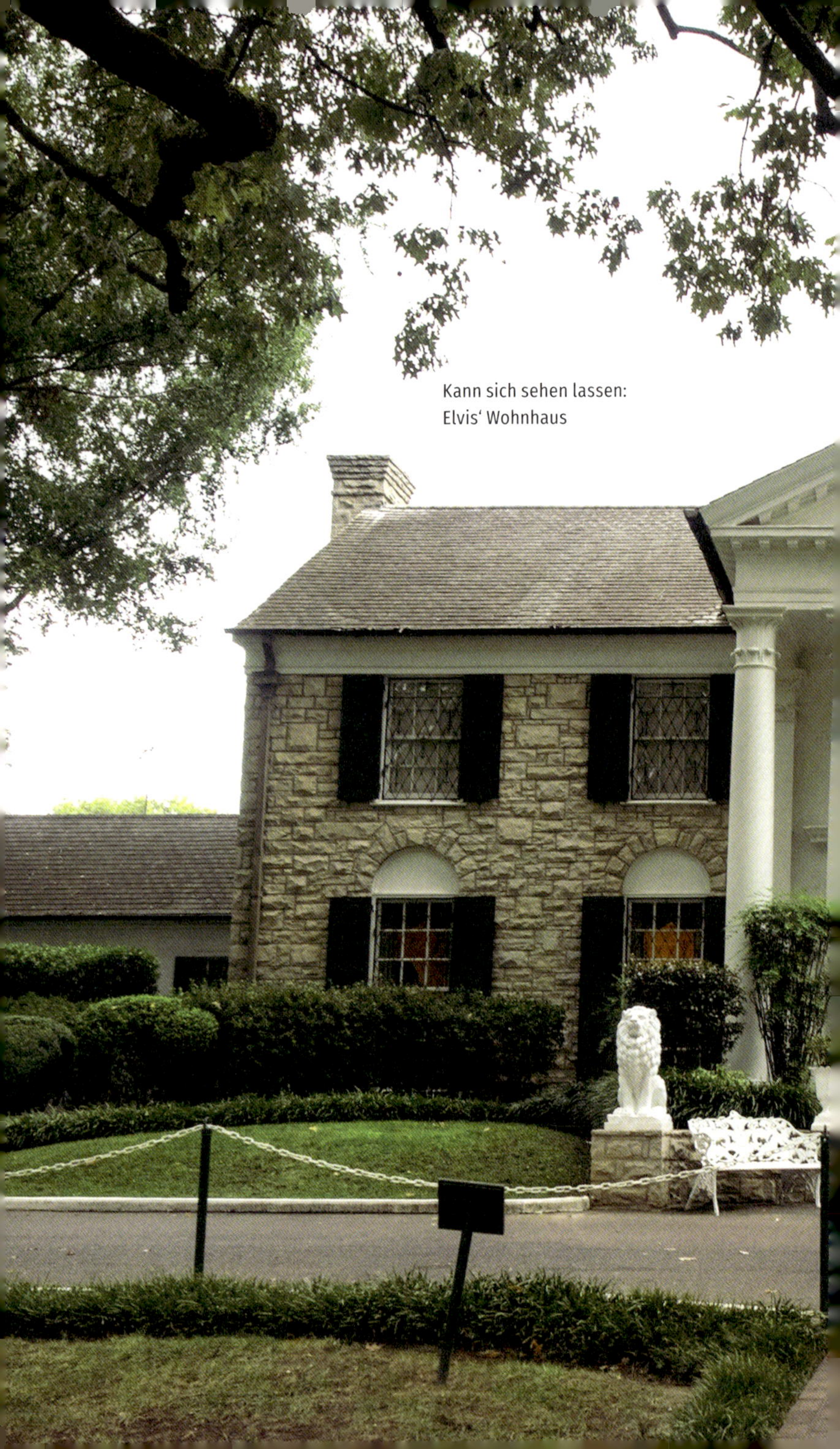

Kann sich sehen lassen:
Elvis‘ Wohnhaus

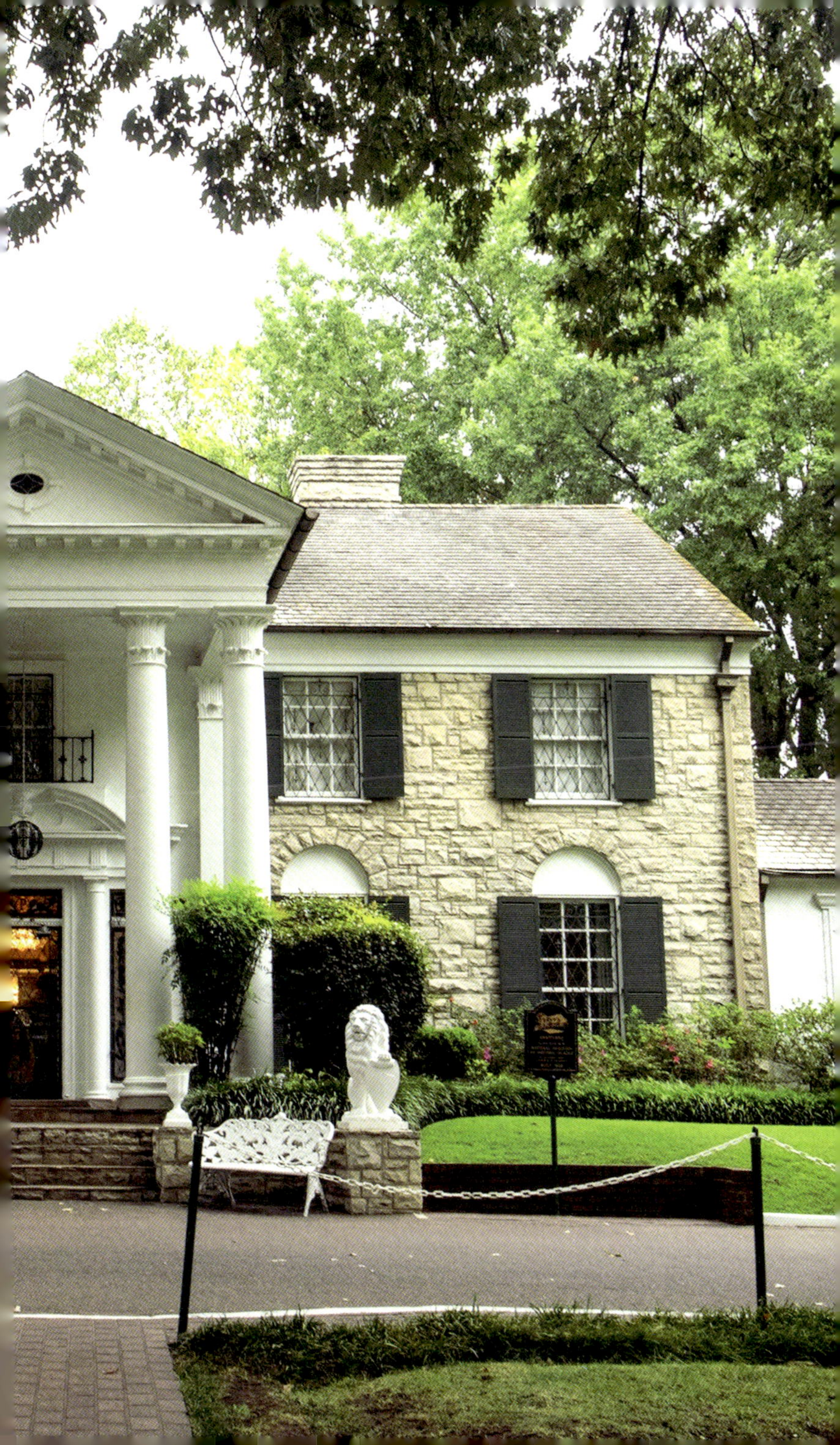

16. August 1977 – Persönliche Gedanken

Wer an diesem Tag schon denken konnte, weiß noch heute, was er gemacht hat, als die Nachricht über Elvis' Tod die Welt plötzlich und unerwartet anhielt und gleichzeitig auf den Kopf stellte.

Elvis ist an Herzversagen gestorben. So lauteten die ersten ernst zu nehmenden Berichte. Aber was war der Grund dafür? Die Presse stürzte sich auf den verstorbenen „King of Rock 'n' Roll" wie die Hyänen auf das Aas.

Lange Zeit – bis weit in die 1990er Jahre hinein – wurde kübelweise Dreck über Elvis ausgeschüttet und durch die Verbreitung von Halbwahrheiten und deren Befeuerung von allen Seiten in der Boulevardpresse war es nicht leicht, in dieser Zeit Elvis-Fan zu sein.

Elvis verstarb vor 44 Jahren und sicherlich viel zu früh. Er war medikamentenabhängig und das bereits seit seiner Militärzeit in Deutschland. Wahrscheinlich ist er sogar schon früher mit den Medikamenten in Berührung gekommen, da er zeitlebens an krankhafter Schlaflosigkeit litt und man dieser Erkrankung in den 1950er Jahren gerne mit Benzodiazepinen begegnete.

Heute würde man ihn als Suchtkranken einstufen und alles daransetzen, ihm durch Therapien zu einem gesünderen Leben zu verhelfen (so wie vielen anderen Künstlern auch).

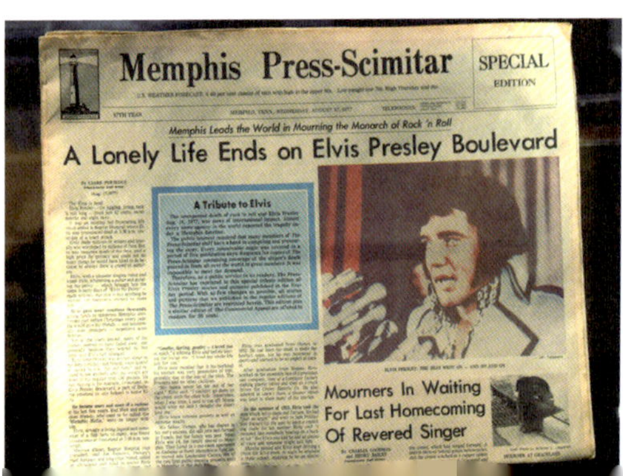
Memphis Press-Scimitar

SPECIAL EDITION

Memphis Leads the World in Mourning the Monarch of Rock 'n Roll

A Lonely Life Ends on Elvis Presley Boulevard

A Tribute to Elvis

Mourners In Waiting For Last Homecoming Of Revered Singer

Ein einsames Leben endet auf dem Elvis Presley Boulevard.

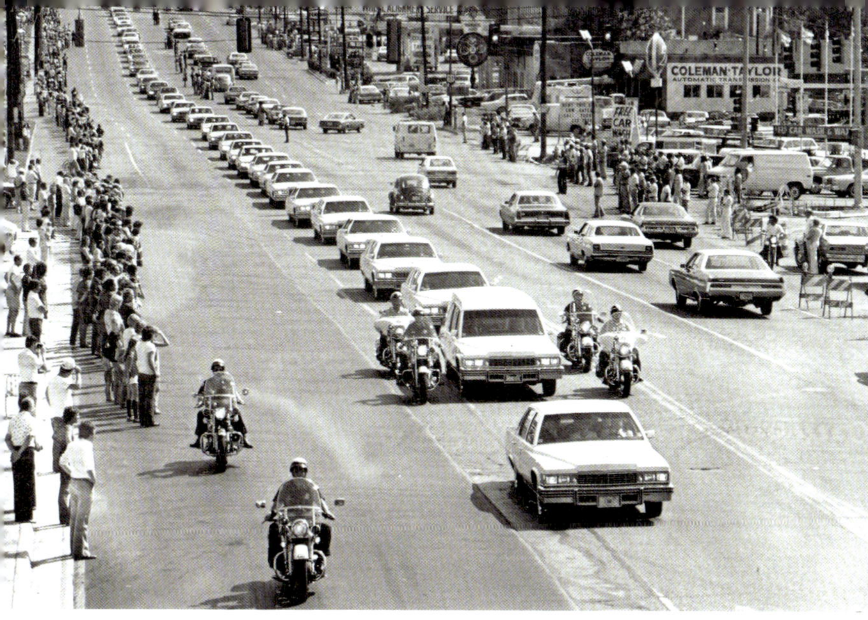

Königlich wird Elvis zum Forest-Hill-Friedhof gebracht.

Von seiner Mutter Gladys hatte er sicher zusätzlich die Tendenz zur Depression geerbt, die ihm offensichtlich zu schaffen machte.

Elvis hatte wohl nicht das Gefühl, dass er ohne die Medikamente leben und dem gerecht werden konnte, was die Menschen von ihm erwarteten. Was seine Fans von ihm erwarteten, seine Familie, seine „Freunde", seine Geschäftspartner. Er glaubte wohl, keine Schwächen zeigen zu dürfen, obwohl die in seinen letzten Lebensjahren mehr als offensichtlich waren.

Der Mann, der die Musik des 20. Jahrhunderts revolutioniert hat, der Millionen von Menschen mit seiner Stimme glücklich gemacht hat, war selbst ein zutiefst unglücklicher Mensch, dem die Kraft fehlte, allein aus dieser Dunkelheit herauszukommen.

Elvis starb an Herzversagen – im doppelten Sinne des Wortes.

Elvis. Eine Zeitreise

1935 Am 8. Januar 1935 wird Elvis Aaron Presley geboren. Sein Zwillingsbruder Jesse Garon wurde tot geboren und in einem anonymen Grab in Tupelo, Mississippi, beigesetzt.

1948 Die Familie Presley zieht 1948 nach Memphis, Tennessee, um dort einen Neuanfang zu wagen, da sie wirtschaftlich in Tupelo keine Zukunft sah.

1953 Zum ersten Mal betritt Elvis am 7. Juli 1953 das „Sun Studio", um zwei Songs aufzunehmen. „My Happiness" und „That's When Your Heartaches Begin" lassen Marion Keisker, Geschäftspartnerin von Besitzer Sam Philipps, aufhören und notieren: „Guter Balladensänger, im Auge behalten ...!"

1954 Ein Jahr später, am 4. Juli 1954, nimmt Elvis zusammen mit Scotty Moore und Bill Black „That's All Right, Mama" auf und startet eine Revolution.

1955 1955 wechselt Elvis unter der Ägide seines neuen Managers Colonel Tom Parker zu RCA Victor und erhält 35.000 USD für diesen Deal.

1956 1956 hat Elvis mit „Heartbreak Hotel" seinen ersten Nummer-Eins-Hit und tritt in den populärsten Shows des amerikanischen Fernsehens auf. Ende des Jahres dreht Elvis seinen ersten Spielfilm „Love Me Tender".

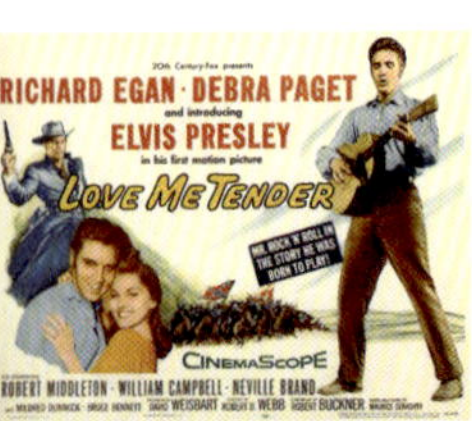

1958 ruft „Uncle Sam" und Elvis geht zur Armee. Seine Mutter Gladys verstirbt am 14. August und Elvis ist regelrecht fassungslos. Nach seiner Grundausbildung in Fort Hood, Texas, wird er nach Deutschland versetzt, wo er am 1. Oktober 1958 in Bremerhaven ankommt und von den Fans frenetisch begrüßt wird. 1958

Am 2. März 1960 kehrt Elvis in die USA zurück, wird als Sergeant ehrenvoll entlassen. Zwei Monate später ist er am 12. Mai mit Frank Sinatra in seiner „Timex-Special: Welcome Home, Elvis"-Show im Fernsehen zu sehen. 1960

1961 gibt Elvis die letzten Livekonzerte: zwei Benefiz-Konzerte im Februar in Memphis und eines am 25. März in Honolulu für die Errichtung einer Gedenkstätte für die USS Arizona. 1961

Elvis heiratet am 1. Mai 1967 Priscilla Beaulieu, die er während seiner Zeit in Deutschland kennenlernte. 1967

Lisa Marie Presley kommt am 1. Februar 1968 auf die Welt. 1968
Im Juni 1968 laufen die Dreharbeiten zu „Elvis", einer TV-Show, die am 3. Dezember über den Schirm geht und mittlerweile unter dem Namen „The 68 Comeback Special" legendär geworden ist.

Der 31. Juli 1969 läutet für Elvis eine neue Ära ein. Sein erstes Livekonzert gibt er vor ausverkauftem Haus im International Hotel in Las Vegas. Insgesamt spielte er bis 1976 636 Konzerte in „Sin City". 1969

1970 Am 21. Dezember 1970 trifft Elvis Präsident Nixon im Weißen Haus.

1971 Elvis wird am 16. Januar 1971 zu einem der „Ten Outstanding Young Men“ der USA gewählt und hält eine Rede, deren Worte legendär sind.

1972 Am 23. Februar 1972 trennen sich Elvis und Priscilla und die Scheidung wird offiziell am 8. Januar 1973 eingereicht.

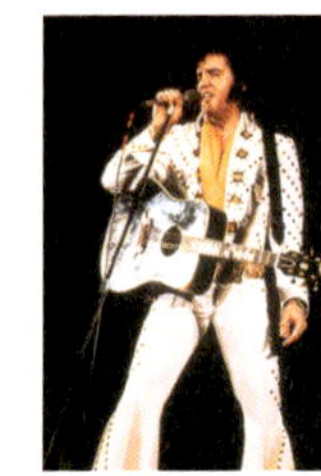

Vom 9. bis 11. Juni 1972 gibt Elvis im New Yorker Madison Square Garden vier aufeinanderfolgende Konzerte vor ausverkauftem Haus.

1973 „Aloha From Hawaii“ geht am 14. Januar 1973 um die Welt und ist das erste Konzert eines Solokünstlers, das über Satellit ausgestrahlt wird. Im Oktober wird die Ehe von Elvis und Priscilla geschieden.

1977 Die Nachricht lässt die Welt einen Moment stillstehen: Am 16. August 1977 verstirbt Elvis Presley in Graceland Mansion, Memphis, Tennessee.

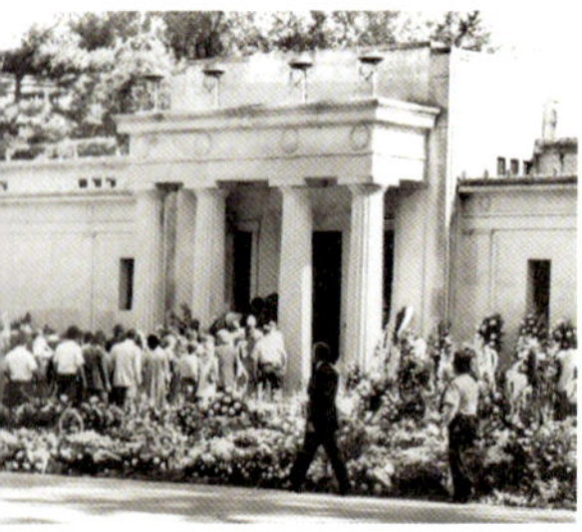

Nachrufe

Elvis Presleys Tod nimmt unserem Land ein Stück von sich selbst. Er war einzigartig und unersetzlich. Mehr als 20 Jahre ist es her, dass er in die Szene platzte mit einer Wirkung, die es bis dahin noch nie gegeben hatte und die es wohl auch nicht mehr geben wird. Seine Musik und seine Persönlichkeit, die Zusammenführung von weißem Country und schwarzem Rhythm & Blues veränderten für immer das Antlitz der amerikanischen Kultur. Er hatte eine riesige Anhängerschar und er war für Menschen auf der ganzen Welt ein Symbol für die Vitalität, die Aufsässigkeit und die gute Laune seines Landes.
Präsident Jimmy Carter

Elvis war der liebenswerteste und bescheidenste Mensch, den man sich vorstellen kann.
Muhammad Ali

Irgendwann muss jeder sterben. Bis auf Elvis.
Dave Barry, Humorist

Es ist selten, dass ein Künstler eine gesamte Generation berührt. Aber es ist noch seltener, wenn dieser Einfluss mehrere Generationen berührt. Elvis drückte der Welt der Popmusik einen Stempel auf, der mit keinem anderen Solokünstler vergleichbar ist.
Dick Clark, US-amerikanischer Late-Night-Talker

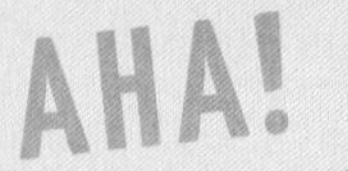

Ein Königsgrab wird verlegt

Es würde nicht um Elvis gehen, gäbe es nicht wieder Gerüchte und Merkwürdigkeiten rund um die Verlegung seines Grabes!

Als Elvis am 16. August 1977 starb und zwei Tage später auf dem Forest-Hill-Friedhof in Memphis beigesetzt wurde, sollte dies eigentlich seine letzte Ruhestätte sein.

Fehlanzeige!

Über die Ereignisse im Zusammenhang mit der Verlegung von Elvis nach Graceland gibt es einige – manchmal recht unterschiedliche – Berichte.

Fakt ist, dass Elvis am 18. August 1977 in seinem Kupfersarg in eine Gruft eines Mausoleums auf dem Forest-Hill-Friedhof gelegt wurde. Fakt ist auch, dass am 26. August Elvis‘ Mutter Gladys, die seit 1958 auch auf diesem Friedhof lag, ebenfalls in dieses Mausoleum verlegt wurde.

Zusätzlich konnte man am 30. August im Commercial Appeal lesen, dass am Tag zuvor drei Männer festgenommen worden waren, die laut Polizeidirektor E. Winslow Chapman versucht hatten, Elvis‘ Leichnam zu stehlen. Einige Tage vorher war bei Vernon Presley ein Anruf eingegangen, in dem diese Entführung angekündigt worden war.

Tatsache ist ebenfalls, dass Elvis und Gladys am 2. Oktober 1977 um ca. 19 Uhr in einer geheim gehaltenen Aktion nach Graceland überführt wurden. Der Transport wurde von acht Polizisten der Stadt und von fünf Hilfssheriffs des Shelby County begleitet. Fünf Tage vorher hatte die Stadt Memphis dem Antrag von Vernon Presley stattgegeben, Elvis und Gladys im „Meditation Garden“ auf dem Anwesen zu beerdigen. Dieser Antrag war am 7. September eingereicht worden.

Nachweislich wurde am 5. Oktober 1977 die Anklage gegen die drei Männer niedergeschlagen, da der Staatsanwalt mitteilte, dass der Hauptzeuge nicht glaubwürdig genug sei. Es gab lediglich eine Strafe für „unbefugtes Betreten“.

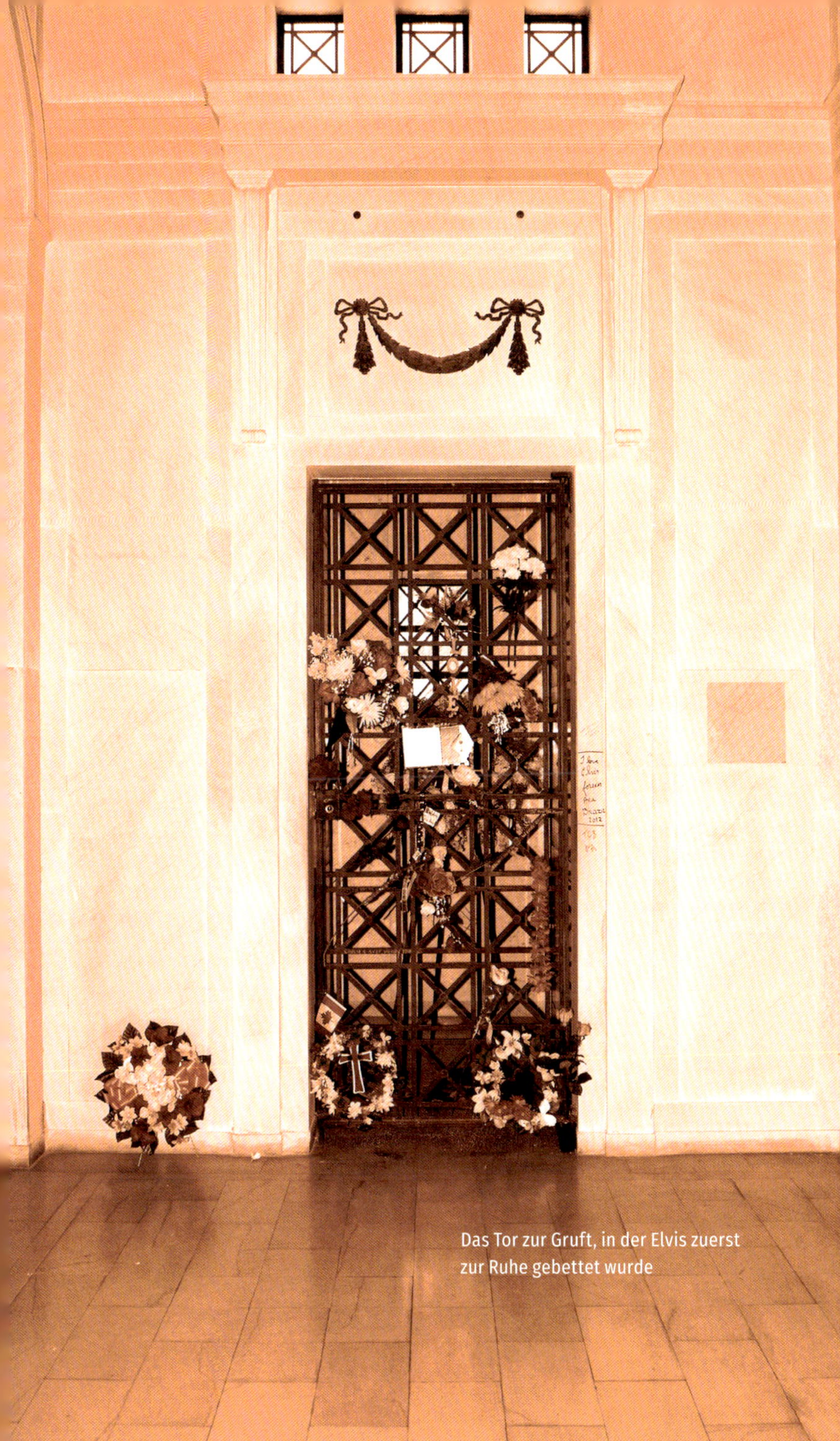

Das Tor zur Gruft, in der Elvis zuerst zur Ruhe gebettet wurde

So, und nun wird es interessant:

2002 – 25 Jahre nach all diesen Ereignissen im August 1977 – wurde die verhinderte Entführung wieder zum Thema, denn ein gewisser Ronnie Adkins, mittlerweile Ronnie Tyler und ein Informant des FBI und damals wohl einer der drei Beteiligten, behauptete, dass Vernon Presley in den angeblichen Entführungsversuch von Elvis' Sarg involviert war. Laut seiner Aussage hatte die Stadt Memphis Vernons Antrag, Elvis auf Graceland zu beerdigen, zunächst abgelehnt, da dieses Areal nicht für Beerdigungen freigegeben war. Der ehemalige Chef des FBI in Arkansas Ivian C. Smith sagte dazu, dass Adkins in Memphis mit einem korrupten Hilfssheriff, Billy Talley, zu tun gehabt hätte, der die Finte geplant und die „Täter" dann auch festgesetzt habe. Raymond Green, Eugene Nelson (inzwischen waren die Namen veröffentlicht) und Adkins sollen den Entführungsversuch in seinem Auftrag unternommen haben. Und jetzt kommt's: Talleys Auftraggeber soll Vernon Presley gewesen sein, der unbedingt wollte, dass sein Sohn auf Graceland beigesetzt wird. Da Vernon 1979 verstarb, konnte er diese Behauptungen weder dementieren noch bestätigen.

Ivian C. Smith wollte über seine Erkenntnisse in dieser Angelegenheit in seinem Buch „In Sunshine and in Shadow: an FBI Journey" berichten, dass 2002 angekündigt wurde, jedoch bislang noch nicht in den Bücherregalen zu sichten war, da wohl das „grüne Licht" der Chefetage des FBI fehlte!

Ach, übrigens:
Kaum vorstellbar, dass drei Männer ohne Werkzeuge in der Lage gewesen sein sollen, den schweren Kupfersarg, den bei der Beerdigung acht Männer kaum die Stufen zum Mausoleum hochtragen konnten, einfach so zu stehlen ... we will never know!

American David

elvis son of tupelo.
elvis mama's boy.
elvis the twin brother of Jesse who died at birth and was
buried in a shoe box.elvis drove a truck.
elvis was recorded at sun studios by the musical
diviner sam phillips.
elvis was managed by colonel tom parker, an ex-carnie
barker whose last act was a singing canary.
elvis was the most famous singer in the world since king david.
elvis lived on his own street.
elvis liked to play speed cop.
elvis had a monkey named scatter before anyone.
elvis wore a cape at the white house when he was presenting
nixon with two silver pistols.
elvis was a member of the drug squad.
elvis wore eye make up, just hangin' out.
elvis wore a gold nudie suit and trained his lip to curl.
elvis was macho, but could sing like a girl.
elvis was not a big talker.
elvis was articulate in every other way.
elvis dyed his hair black to look like valentino.
elvis held a microphone the way valentino held nita naldi in
blood and sand.
elvis dressed black long before he dressed in black.
elvis sang black except in lower registers where he was a
student of dean martin.
elvis admired mario lanza.
elvis delivered the world from crooning.
elvis was a great crooner.
elvis had a voice that could explain the sexuality of america.
elvis was influenced by jim morrison in his choice of
black leather for the ,68 comeback special.

elvis invented the beatles.
elvis achieved world domination from a small town.
elvis was conscious of myth.
elvis had pharaoh-like potential.
elvis was made by america, so america could remake itself.
elvis had good manners.
elvis was a bass, a baritone, and a tenor.
elvis sang his heart out at the end.
elvis the opera singer.
elvis the soap opera.
elvis loved america, God, the bible, firearms, the movies, the
office of presidency, junk food, drugs, cars, family, television,
jewellery, straight talkin‘, dirty talkin‘ gameshows, uniforms,
and self-help books.
elvis like america, wanted to improve himself.
elvis like america, started out loving but later turned on himself.
elvis body could not stop moving.
elvis is alive, we‘re dead.
elvis the charismatic.
elvis the ecstatic.
elvis the plastic, elvis the elastic with a spastic dance that
might explain the energy of america.
elvis fusion and confusion.
elvis earth rod in a southern dorm.
elvis shaking up an electrical storm.
elvis in hollywood his voice gone to ground.
elvis in las vegas with a big brassy sound.
elvis the first rock ’n’ roll star with scotty moore, bill black,
and dj fontana.
elvis with james burton and ronny tuff.
elvis the movie star made three good films: viva las vegas,
flaming star, and jailhouse rock.
elvis the hillbilly brought rhythm to the white race, blues to pop,
and rock ’n’ roll to where ever rock ’n’ roll is.

elvis the pelvis, swung from africa to europe, which is
the idea of america.
elvis liberation.
elvis the kung fu would come later.
elvis hibernation.
elvis built a theme park he later called Graceland.
elvis woke up to whispers.
elvis thought of himself as a backslider.
elvis knew guilt like a twin brother.
elvis called God every morning then left the phone off
the hook.
elvis turned las vegas into a church when he
sang „love me tender“.
elvis turned america into a church when he sang „the trilogy“.
elvis was harangued by choice; flesh vs spirit, God vs rock ’n’ roll
mother vs lover, father vs the colonel.
elvis grew sideburns as a protest against tom jones‘
hairychest.
elvis would have a president named after him.
elvis was one of the boys.
elvis was not one of the boys.
elvis had an acute intelligence disguised as talent.
elvis broke priscilla‘s heart.
elvis broke lisa marie‘s heart.
elvis woke up my heart.
elvis white trash.
elvis the memphis flash.
elvis didn‘t smoke hash and woulda been a sissy without
johnny cash.
elvis didn‘t dodge the draft.
elvis had his own aircraft.
elvis having a laugh on the lisa marie in a colour photograph.
elvis under the hood.
elvis cadillac blood.

elvis darling bud flowered and returned to the mississippi mud.
elvis ain't gonna rot.
elvis in a memphis plot.
elvis didn't hear the shot but the king died just across
the lot from.
elvis vanilla ice cream.
elvis girls of 14.
elvis memphis spleen shooting at the tv reading corinthians 13.
elvis with God on his knees.
elvis on three tvs.
elvis here come the killer bees head full of honey,
potato chips and cheese.
elvis the bumper stickers.
elvis the white knickers.
elvis the white nigger ate at burger king and just kept
getting bigger.
elvis sang to win.
elvis the battle to be slim.
elvis ate america before america ate him.
elvis stamps, elvis necromance.
elvis fans, elvis psychphants.
elvis the public enemy.
elvis don't mean shit to chuck d.
elvis changed the centre of gravity.
elvis made it slippy.
elvis hitler, elvis nixon, elvis christ, elvis mishima.
elvis marcus, elvis jackson, elvis the pelvis.
elvis the psalmist, elvis the genius, elvis the generous.
elvis forgive us.
elvis pray for us.
elvis aaron presley (1935–1977)

Elvis im WWW

Gibt man „Elvis“ in eine Internetsuchmaschine ein, erhält man in Nullkommanichts 236.000.000 Ergebnisse!

Abgesehen mal davon, dass es keinen anderen Entertainer auf dieser Welt gibt, den die Menschen nur an seinem Vornamen erkennen, ist Elvis so bekannt, dass sein Vorname in vielen anderen Zusammenhängen außerhalb des Showbusiness genutzt wird – das Internet ist voll davon. Hier eine kleine Übersicht:

ELVIS 3.1
https://www.uni-erfurt.de
E.L.V.I.S. 3.1 ist eine Online-Plattform der Universität Erfurt, die für Studenten angelegt worden ist.

E.L.V.I.S.
https://www.elvis-ag.com
Dies ist die Homepage des Europäischen Ladungs-Verbunds Internationaler Spediteure AG (ELVIS). Wer oft auf den Autobahnen den Landes unterwegs ist, wird immer wieder einen Lkw mit diesem Logo am Heck sehen.

Elvis PA
https://elvispa.de
Unter diesem Link ist eine Firma für Veranstaltungstechnik zu finden.

Elvis – LuXXon
https://www.luxxon.info › Elvis
Falls eine Alternative zum Auto gesucht wird, ist der „Elvis“-Roller sicherlich genau das Richtige!

Recyling-Rucksack Elvis – echter Einsatz-Feuerwehrschlauch
https://www.feuerwear.de › damenrucksack-elvis
Vielleicht liegt die Inspiration zu diesem Rucksack bei „Burning Love“?

Elvis Eis Handgemachtes Eis
https://elviseis.de
Drei Dependancen des Eiscafés „Elvis“ gibt es schon. Vielleicht auch bald in Ihrer Nähe?

Vor allem in der Botanik trifft man sehr oft auf Elvis!

Edelrose Nirparfum Rose „Elvis“ ®
https://www.baumschule-horstmann.de › ... › Edelrosen
Teehybride mit schön gerundeten Knospen. Die Blüte präsentiert sich meist weiß und hat im Inneren einen Hauch Rosé. Sie zeichnet sich durch einen sehr starken Duft aus!

Plectranthus „Velvet Elvis“
Diese Pflanze hat eine grüne Blattfarbe, die Unterseite der Blätter ist schwarz-violett durchzogen. Sehr dekorativ und voluminös wachsend.

Weiße Bartiris „Elvis Presley”
https://www.tesselaar.net.au/product/3806-bearded-iris-elvis-presley
Eine Iris, deren Blütenblätter so weiß sind wie die Jumpsuits von Elvis!

Sarracenia Elvis
http://cpphotofinder.com/sarracenia-elvis-20571.html
Eine fleischfressende Schlauchpflanze, die nur in Nordamerika vorkommt und deren oberstes Blütenblatt (ähnlich einem Deckel) an Elvis‘ Haartolle erinnert.

Herzblattlilien oder auch Funkien

https://candidegardening.com/IE/plants/2eb2e843-35c9-4166-9188-e5593581ad20

Eine Pflanze mit samtblauen oder wildleder-ähnlichen Blättern

Rote Samtiris „Elvis"

https://www.almostedenplants.com/shopping/products/10814-red-velvet-elvis-louisiana-iris-red-yellow-signals-early-to-late-season/

Eine schöne kraftvoll strahlende rötlich-violette Iris mit samtigen Blütenblättern

Elvis-Kaktus

https://plantlust.com/plants/46204/huernia-elvis/

Ein Kaktus, der sich erst durch seine samtige, rote Blüte von anderen Sukkulenten unterscheidet

Priscilla

Ein „heißes Eisen", aber es muss einmal deutlich gesagt werden: Entgegen der Kommunikation in der Öffentlichkeit ist Priscilla Presley nicht Elvis' Witwe. Nein, denn als Elvis 1977 starb, waren die beiden schon seit vier Jahren geschieden und noch ein gutes Jahr länger getrennt.

Also, warum wird ständig von „Elvis' Witwe" berichtet? Warum ist sie nicht einfach die Ex-Frau und die Mutter seines einzigen Kindes?

Alle Antworten auf diese Fragen liegen bei Priscilla selbst, die seit Elvis' Tod dafür gesorgt hat, dass niemand vergisst, dass sie die einzige Frau war, die Elvis geheiratet hat und die seinen Namen trug. Priscilla hat es außerdem nicht versäumt, die Legendenbildung ihrer Geschichte mit Elvis zu perfektionieren.

Priscilla tritt seit vielen Jahren stets im Kontext mit Elvis in der Öffentlichkeit auf und verkündet ebenso kontinuierlich die Liebe, die sie mit Elvis auch heute noch verbinde. Gern tritt sie zusammen mit ihrer Tochter Lisa Marie Presley und deren Kindern auf, wenn es in Memphis darum geht, Elvis zu feiern: die Familie, deren Oberhaupt 1977 gestorben ist und nun trauernd zurückgeblieben ist.

Sie steht, seitdem sie 1982 Elvis' Anwesen Graceland als Museum freigegeben hat, für viele Menschen synonym für das Erbe, das Elvis der Welt hinterlassen hat.

Doch schaut man sich die Details an, bröckelt die Fassade sichtbar:

Ja, Elvis lernte die damals 14-jährige Priscilla Beaulieu während seiner Militärzeit in Deutschland kennen, deren Adoptivvater Air-Force-Offizier und in Wiesbaden stationiert war. (Welche Eltern hätten in den 1950er Jahren ihrer 14-jährigen Tochter erlaubt, den größten Casanova auf diesem Planeten zu jeder

Tages- und Nachtzeit zu treffen?) Ja, sie zog 1962 nach Memphis, ging dort zur Schule und lebte sowohl auf Graceland bei Elvis als auch bei Elvis' Vater Vernon und seiner zweiten Frau Davada Dee. Einige Mitglieder des inneren Kreises um Elvis betonen immer wieder, dass es eine Vereinbarung zwischen Priscillas Eltern und Elvis gegeben haben soll, in der die spätere Heirat dokumentiert worden sei.

Die Hochzeit 1967 war eine Weltsensation! Doch das Glück dauerte nicht lange und 1973 wurden die beiden geschieden.

Sie wurden geschieden, blieben aber natürlich wegen ihrer gemeinsamen Tochter Lisa Marie immer miteinander verbunden. Nicht mehr und nicht weniger, so wie viele Millionen andere Eltern auch, die sich getrennt haben.

Obwohl Elvis bekanntermaßen kein „Kind von Traurigkeit" war, hatte auch Priscilla – abgesehen von ihrem Karatelehrer Mike Stone – während der Ehe einige Affären, die jedoch in der Öffentlichkeit gern vernachlässigt werden.

Die geschäftstüchtige Priscilla nahm wieder ihren Mädchennamen an und gründete mit einer Freundin in Beverly Hills eine Promi-Boutique, „Bis & Beau", die sie fünf Jahre lang besaß. Obwohl das Geschäft wohl sehr gut begann, munkelte man in „Tinseltown", dass sich wohl niemand richtig für Priscilla Beaulieu interessierte und sie deshalb die Boutique wieder aufgab.

Wie von unterschiedlichen Seiten berichtet, war es Priscilla von Rechts wegen nicht gestattet, den Namen „Presley" nach der Scheidung weiter zu tragen, aber nach Elvis' Tod nannte sie sich sehr schnell Priscilla Beaulieu Presley.

Obwohl Elvis seinen Vater Vernon als Testamentsvollstrecker eingesetzt hatte, der für Lisa Marie das Erbe bis zu ihrem 25. Geburtstag verwalten sollte, mischte Priscilla von Beginn an mit und übernahm 1979, kurz nach Vernons Tod, diese Aufgabe.

1982 schaffte sie es, Elvis' Anwesen Graceland für die Öffentlichkeit freizugeben, und wurde Vorsitzende der zuvor gegründeten „Elvis Presley Enterprises Inc.“. Dies war tatsächlich eine großartige Aktion, denn nur so konnten das Anwesen und alle damit in Verbindung stehenden materiellen Güter gerettet werden!

Nach Ausflügen in die Welt der Werbung kam sie zum Fernsehen und spielte von 1983 bis 1988 die Rolle der Jenna Wade in der Kultserie „Dallas“. Auf dieser Erfolgswelle schwimmend öffneten sich schnell die Tore zum Kino und sie stand für die Erfolgsreihe „Die nackte Kanone“ vor der Kamera.

Priscilla Presley, 2021

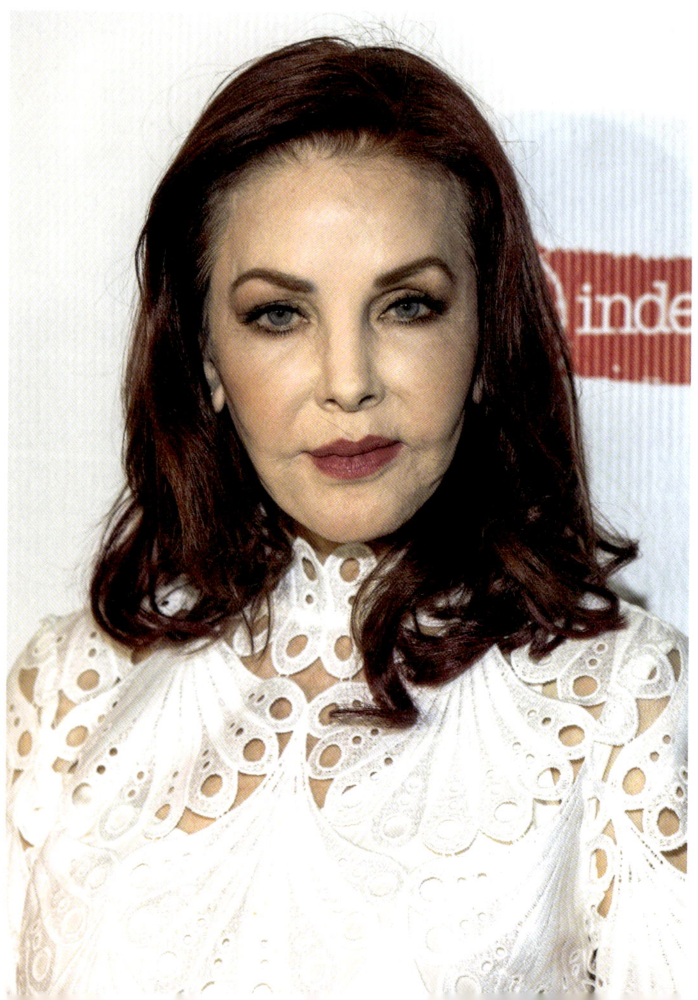

1985 veröffentlichte sie ihre Erinnerungen an ihre Zeit mit Elvis unter dem Titel „Elvis und ich“: Dem damaligen Zeitgeist folgend ging sie in diesem Buch nicht gerade freundlich mit ihrem Ex-Mann um und bestätigte viele damalige Kritiker in ihrer Meinung, dass Elvis ein menschenscheues, drogenabhängiges Wesen gewesen sei. Sie schilderte sich selbst als Opfer des extravaganten Lebensstils mit dem King of Rock 'n' Roll.

Seit Beginn der 1990er Jahre trägt Priscilla wieder als alleinigen Nachnamen Presley.

In den darauffolgenden Jahren machte sie durch einige Film- und Fernsehprojekte, durch wechselnde Affären und Beziehungen und ihre Zugehörigkeit zur Scientology Schlagzeilen. Im neuen Jahrtausend wandelte sich die Berichterstattung über Elvis zum Positiven und so auch Priscillas Statements. Von nun an war sie in den Medien nur noch „Elvis‘ Witwe“, was von ihr nie dementiert wurde.

In den letzten 20 Jahren engagierte sich Priscilla wahrnehmbar fast ausschließlich in Elvis-Projekten.

Fazit: Fakt ist, dass Priscilla Elvis‘ Ex-Frau ist und nicht seine Witwe. Fakt ist auch, dass sie den Namen Presley trägt und so selbstverständlich über Elvis identifiziert wird. Über alles andere muss jeder selbst nachdenken und urteilen!

Ach, übrigens:
Priscillas längste Beziehung war die mit Marco Garibaldi, die über 20 Jahre hielt und aus der auch ihr Sohn Navarone stammt. Geheiratet hat sie ihn nie – und heißt immer noch Presley, während der Nachname ihres Sohnes Garibaldi lautet!

Eine Hassliebe?

So, und jetzt einmal gut aufgepasst: Deutschland ist kein wirkliches „Elvis-Land"! Ja, es ist traurig, aber es ist so.

Obwohl Deutschland das einzige Land außerhalb der USA ist, in dem Elvis wirklich gelebt und gearbeitet hat, hat man oft den Eindruck, dass es mit diesem einzigartigen Erbe nicht wirklich etwas anfangen kann: Wie lange hat es gedauert, bis die Stadt Bremerhaven eine Gedenkplatte an der Columbuskaje installiert hatte, die den Ort markiert, an dem Elvis 1958 an Land ging, um seine Militärzeit in Deutschland fortzusetzen? 40 Jahre!

Wie lange hat es gedauert, bis es in Bad Nauheim, der Stadt, in der Elvis während seines Militärdienstes wohnte, eine angemessene Würdigung des „King of Rock 'n' Roll" gab? 42 Jahre nach seiner Abreise fand das erste „European Elvis Festival" statt, das im kommenden Jahr sein 20-jähriges Jubiläum feiert. Dank einer Faninitiative entstand erst 2021 eine Bronze, die an historischer Stelle in Bad Nauheim aufgestellt wurde.

Auch in Friedberg, wo Elvis in den „Ray Barracks" seinen Dienst versah, mussten fast 40 Jahre ins Land gehen, bis es dort einen „Elvis-Presley-Platz" geben sollte.

Andere Staaten und Städte auf dieser Welt würden sich die buchstäblichen „Finger lecken", eine solche enge Verbindung zu Elvis Presley zu haben.

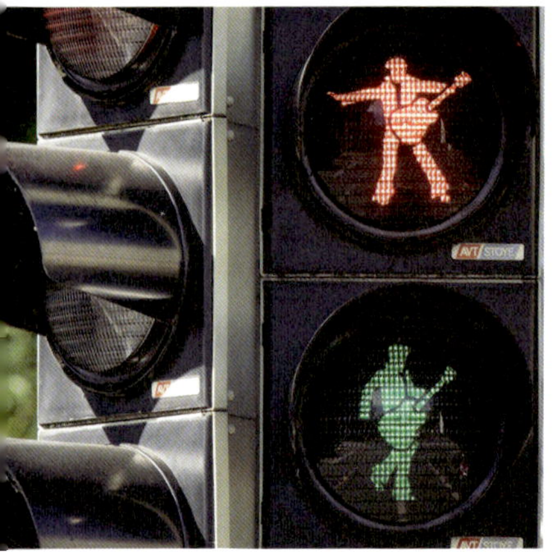

Elvis lebt auch in Deutschland!

Aus allen Teilen der Welt kommen die Fans nach Deutschland, um auf den Spuren von Elvis zu wandeln und die Orte aufzusuchen, wo Elvis gelebt hat, wo er im Manöver war, wo er einfach nur mal eine Pause von Dienst gemacht hat und wo er sich in das Münchener Nachtleben gestürzt hat.

Elvis ist – ob man nun will oder nicht – ein Teil der deutschen Geschichte und der deutschen Kultur: Als G. I. war er ein Botschafter seines Landes, der eine andere Art der amerikanischen Besatzung darstellte. Er besetzte die deutschen Jugendlichen mit einer Leichtigkeit und einer musikalischen und sozialen Rebellion, die im Nachkriegsdeutschland vor Elvis undenkbar war.

Vielleicht war den Deutschen Elvis auch immer ein wenig unheimlich.

Unheimlich provokativ. Unheimlich sexy. Unheimlich talentiert. Unheimlich gut.

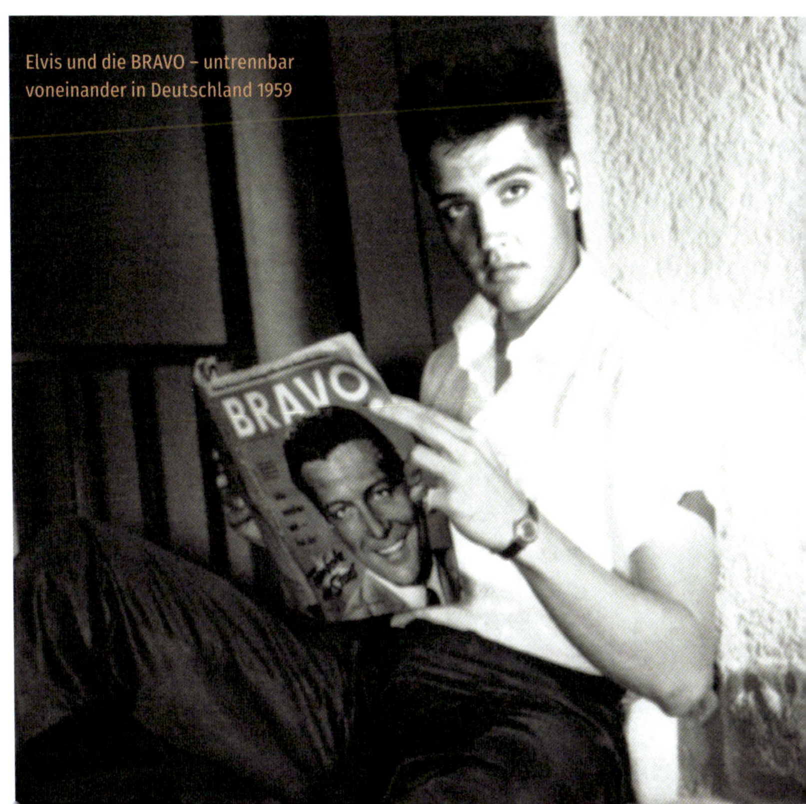

Elvis und die BRAVO – untrennbar voneinander in Deutschland 1959

Das Quiz für echte Elvis-Experten

1. Scatter spielte eine besondere Rolle in Elvis' Leben. Wer war er?

a) Musikmanager
b) Schimpanse
c) Schlagzeuger
d) Hund

2. Wie viele Platten hat Elvis schätzungsweise weltweit verkauft?

a) Über 150 Millionen
b) Über 500 Millionen
c) Über 1 Milliarde
d) Über 1 Trilliarde

3. Wie hieß der erste Spielfilm, in dem Elvis zu sehen war?

a) Love Me Tender
b) Jailhouse Rock
c) G. I. Blues
d) Blue Hawaii

4. Welches präsidiale Eigentum erwarb Elvis 1964?

a) Franklin Roosevelts Yacht
b) John F. Kennedys Flugzeug
c) Richard Nixons Ferienhaus
d) Theodore Roosevelts Auto

5. Wem flossen die Einnahmen aus dem weltweit ausgestrahlten „Aloha From Hawaii"-Konzert (1973) zu?

a) Elvis
b) Colonel Tom Parker
c) March Of Dimes
d) Kui Lee Cancer Fund

6. Der King trat nur in den USA und in einem einzigen anderen Land auf. Nämlich in

a) Deutschland
b) Kanada
c) Frankreich
d) Mexiko

7. In welchem berühmten Pariser Nachtclub war Elvis am liebsten zu Gast?

a) Lido
b) Moulin Rouge
c) Folies Bergère
d) Cacadu

8. Wie alt war Elvis, als er Graceland Mansion kaufte?

a) 18
b) 20
c) 22
d) 24

9. In Graceland wurde fast einmal eingebrochen und zwar von jemandem, der später ebenfalls ein Weltstar werden sollte:

a) Suzi Quatro
b) Bruce Springsteen
c) Dolly Parton
d) Kris Kristofferson

10. Wie hieß der Gruppentransporter, auf dem Elvis als G. I. nach Deutschland kam?

a) USS Randall
b) USS Arizona
c) USS Roosevelt
d) USS Lincoln

11. Wo fand Elvis' letztes Konzert statt?

a) Madison Square Garden, New York City
b) Market Square Arena, Indianapolis, Indiana
c) Von Braun Center, Huntsville,
d) Mid-South Colliseum, Memphis

12. Elvis' erste Single bei dem Label RCA Victor war

a) Baby, let's play house
b) I Want You, I Need You, I Love You
c) Heartbreak Hotel
d) Tutti Frutti

13. Für welches der folgenden Alben bekam Elvis einen Grammy Award?

a) How Great Thou Art
b) From Elvis In Memphis
c) Promised Land
d) Good Times

14. In welcher Stadt heiratete Elvis am 1. Mai 1967?

a) Memphis
b) Tupelo
c) Los Angeles
d) Las Vegas

15. Für welches Instrument hatte Elvis eine besondere Vorliebe (es war nicht die Gitarre!)?

a) Schlagzeug
b) Klavier
c) Saxophon
d) Violine

16. Wie hieß der berühmte Veranstaltungsort, in dem Elvis im Juni 1972 in New York gleich viermal auftrat?

a) Carnegie Hall
b) Radio City Music Hall
c) Madison Square Garden
d) Metropolitan Opera

17. Welcher Song, den Elvis direkt nach seinem Militärdienst aufnahm, lag das italienische „O sole mio“ zugrunde?

a) Big Hunk o' Love
b) Stuck on You
c) It's Now or Never
d) Soldier Boy

18. Welchen Namen trug Elvis beim Karate?

a) Lion
b) Tiger
c) Dragon
d) Snake

19. Welche Single war das erfolgreichste „Two Sided Wonder“, das jemals in den Charts notiert war?

a) That's All Right, Mama / Blue Moon Of Kentucky
b) Jailhouse Rock / Treat Me Nice
c) Hound Dog / Don't Be Cruel
d) In The Ghetto / Any Day Now

20. Wie oft trat Elvis bei der „Grand Ole Opry" in Nashville auf?

a) 1
b) 3
c) 6
d) 7

Quiz-Lösungen

1. **b** – Schimpanse
2. **c** – Über 500 Millionen
3. **a** – Love Me Tender
4. **a** – Franklin Roosevelts Yacht
5. **d** – Kui Lee Cancer Fund
6. **a** - Deutschland
7. **a**– Lido
8. **c** – 22
9. **b** – Bruce Springsteen
10. **a** – USS Randall
11. **b** – Market Square Arena, Indianapolis, Indiana
12. **c** – Heartbreak Hotel
13. **a** – How Great Thou Art
14. **d** – Las Vegas
15. **b** – Klavier
16. c - Madison Square Garden
17. c - It's Now or Never
18. b - Tiger
19. c . Hound Dog / Don't Be Cruel
20. a - 1

Zitate

Elvis Presley ist die stärkste kulturelle Kraft im 20. Jahrhundert. Er gab für alles den Takt vor und er veränderte alles – Musik, Sprache, Kleidung. Es ist eine völlig neue soziale Revolution – die Sixties gingen daraus hervor. Wegen eines Mannes wie ihm kennt ein Mann wie ich seine musikalische Grammatik nicht mehr.
Leonard Bernstein

Vor Elvis gab es nichts.
John Lennon

Er war ein einzigartiger Künstler – ein Original umgeben von Imitatoren.
Mick Jagger

Elvis ist eine Ikone. Viele heutige Künstler ziehen ihre Inspiration aus ihm.
Beyoncé

Ich habe immer davon geträumt, ein Album für Elvis zu produzieren.
Paul McCartney